JN238995

街を変える小さな店

京都のはしっこ、個人店に学ぶこれからの商いのかたち。

まえがき

ここ数年で街の本屋がずいぶんなくなった。

経済ニュースのデータや業界紙の記事で目にし、ふとした会話のなかでも耳にしてきた。なにより自分自身、外出するたびにそう実感する。

巨大オンラインショップや電子書籍、インターネットの影響で、本屋は近い将来なくなってしまうのか。本屋は、生き延びるためにどのような工夫をすべきか。そのような問いかけの本が無数に出版され、数冊は手にしたこともある。京都のはずれで個人書店を運営する立場上、同じような質問も幾度となく受けてきた。そのたびに適当な答えでお茶を濁してきたが、実際、ものごとがどう変化するかなど知る由もないし、一介の本屋には荷が重すぎる問いだ。

「それがわかれば馬券売り場に並んでます」

行きつけのホルモン屋の行列に並びながら「あとどれくらい待てば店に入れるのか」と尋ねた女性に、店員が返した台詞だ。その場に居合わせたときは耳を疑ったが、自分も同じ台詞を口にしたくなったことが何度もある。

まわりを見わたしてみると、本屋だけでなく、個人経営の喫茶店や居酒屋、レコードショップや映画館も、同じように街から姿を消しつつある。電子書籍やオンライン書店の影響だけが原因ではない。「嗜好品」を扱う個人店のあり方というものに、大きな変化が訪れている。

個人店がどんどん消えていく一方で、世界中どこの街にもあるチェーン店や、部屋に居ながらにしてなんでも手に入るオンラインショップが普及し、ずいぶんと便利な世の中になった。消費者として合理性を追求するならば、それは進化であって、必然なのかもしれない。店側がどうあがこうと、客が常に賢い消費者であることを選択するのであれば、グローバルチェーンが街を席巻するのは時間の問題だ。

素朴な温かみがほしければ、実際には工場でつくっている「○○おばさんの手づくりクッキーの店」に行けばいいし、チェーン店的な雰囲気がお気に召さなければ、東京に本社のある会社が経営する、京都の古い町家を改装した、趣のあるカフェに行けばいい。雰囲気も商品の一つであり、形にできない程度の曖昧な不満など、広告やイメージ戦略によって簡単に回収されてしまうだろう。

世の中はどんどんわかりやすさを求め、Twitterのように140文字以内で理解できるようなシンプルな言説が珍重される。ニュースなどの情報すらも個人の趣向にあわせて取捨選択できる時代。星の数で店の善し悪しが決められ、点数の低い店は次第に淘汰されていくから、「失敗」や「損」をすることはぐっと少なくなる。点数をつける側である消費者の力は増すばかりだ。

そんな時流に不満を抱き、言葉にしようとする人々も少なからずいる。そんな少数派は街の変化を嘆き、便利になる一方の世の中にケチをつける。しかし、消費者万能の便利な世の中がなぜ悪いのか、明快に言葉にするのは難しい。結果、「人情」や「温かみ」のような曖昧な言葉や、「昔はよかった」というボヤきばかりが飛び交うこととなる。合理性を追求する企業の立場からすれば、そのような数値化できないものに価値は見いだせない。

ピクサーとディズニーによる共同制作の映画『ウォーリー』（アンドリュー・スタントン監督／２００８年）では、そんな合理性を極端に押し進めた結果訪れるであろう人類の29世紀の姿が、戯画化して描かれている。

高度消費社会が極点に達し、ゴミに覆い尽くされた地球を脱出してスペースコロニーで生活する人類。そこでは、個々のカプセルの中ですべての情報収集や消費が完結し、肉体労働も、「家族」という単位すらも見当たらない。超巨大企業の寡占状態のなか、より賢い消費者として万能を目ざしたはずの人々は、もはや選択の余地はおろか、選ぶ意思すら失っているのだ。捨てられた地球で孤独に働き続けるゴミ処理ロボットのウォーリー。彼は玩具やカトラリーなど、人類の生活の遺品をゴミの山から見つけ出し、密かにコレクションしていた。ある日、ウォーリーはミュージカル映画『ハロー・ドーリー』のビデオテープを見つける。以来彼は、人と人とが「手をつなぐ」ワンシーンを、憧憬のまなざしで繰り返し見続ける……。

極端な例かもしれないが、『ウォーリー』の世界のように合理性を追求したことで損なわれるものは少なくない。斜陽産業と呼ばれる街の本屋を営む立場として、非合理的である「嗜好品」を売るお店の存在意義を、いま一度たしかめてみたい。

　この本でとりあげる京都の店は、超有名店やとびきりの老舗とは限らない。しかし、自分にとっては「地元になくてはならない」「京都らしい」と感じる、大切な店ばかりだ。ほんの数年で変化するメディアのトレンドを探るより、自分が信じる個人店の現場を見直すことで、街の本屋が生き延びるヒントを探ってみたい。理解されることすら拒むパンクな店、やる気なく後ろ向きな店、人間交差点のような店。綴りはじめれば140文字に収まるはずもないこれらの個性的な店の声を、まずは記すことからはじめてみよう。

もくじ

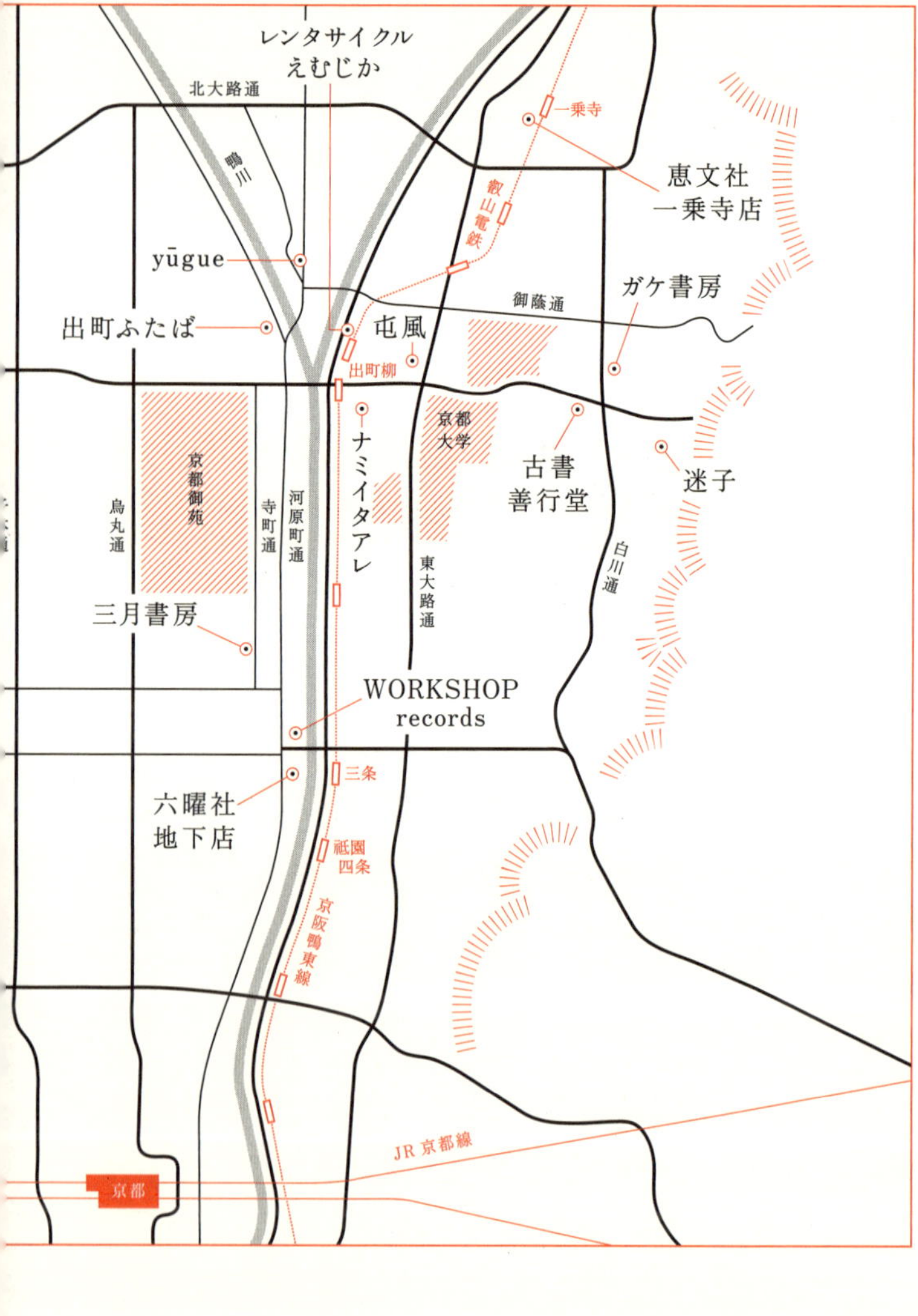

レンタサイクル
えむじか
北大路通
一乗寺
恵文社
一乗寺店
鴨川
叡山電鉄
yūgue
ガケ書房
御蔭通
出町ふたば
屯風
出町柳
京都大学
古書
善行堂
迷子
ナミイタアレ
京都御苑
烏丸通
寺町通
河原町通
東大路通
白川通
三月書房
WORKSHOP
records
三条
六曜社
地下店
祇園
四条
京阪鴨東線
JR 京都線
京都

京都のはしっこ
個人店MAP

京都駅からＪＲ奈良線でひと駅の東福寺で
京阪電車に乗り継ぎ、終点の出町柳駅へ。
そこから鞍馬や大原方面にむかい
路上を走る叡山電車に乗り換えて３駅。
河原町通り周辺や祇園など、
いわゆる京都らしい繁華街からは距離があり、
他府県からのアクセスもよくない
一乗寺という街に、僕が勤める本屋
［恵文社一乗寺店］はある

——第一章「僕の店、僕の街」

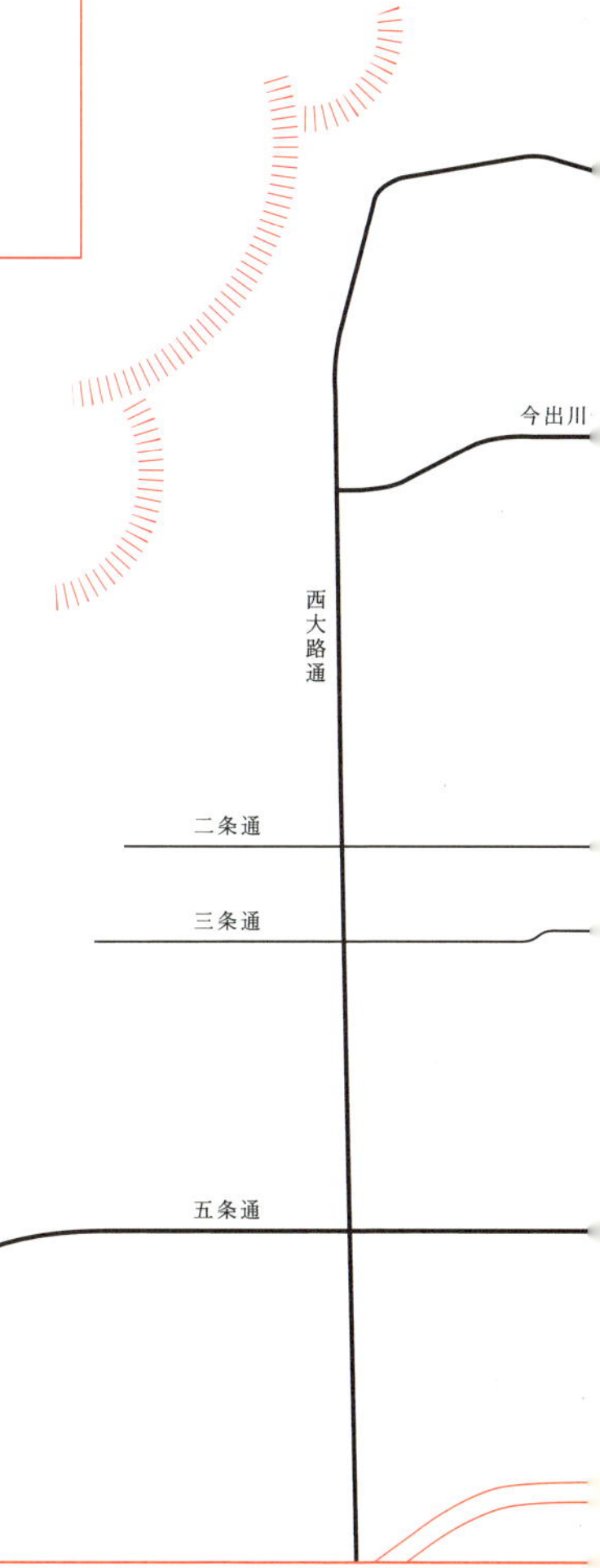

第一章
僕の街、僕の店

「恵文社一乗寺店」と街のこれまで

不思議な店「恵文社一乗寺店」

京都駅からJR奈良線でひと駅の東福寺で京阪電車に乗り継ぎ、終点の出町柳駅へ。そこから鞍馬や大原方面にむかい、路上を走る叡山電車に乗り換えて3駅。河原町通り周辺や祇園など、いわゆる京都らしい繁華街からは距離があり、他府県からのアクセスもよくない一乗寺という街に、僕が勤める本屋はある。新刊本はもちろん、古書や洋書、自費出版物まで取り扱う［恵文社一乗寺店］。

書店と名乗ってはいるが、120坪ほどある店内にはレンタルギャラリー「アンフェール」と、〝衣食住にまつわる書籍と生活雑貨〟を扱うフロア「生活館」が併設。2006年に「生活館」ができてからは、もはやふつうの本屋とは言い難い複合店となっている。いわゆる「セレクト書店」を営む店長として雑誌や新聞で紹介されることが多いため、僕が運営する個人店というふうに誤解を受けることも多いけれど、実際の恵文社は1975年創業の、京都市内に3店舗ある書店チェーン。「西大路店」「バンビオ店」「一乗寺店」、それぞれ違った個性を持つ三つの店を束ねる近藤時雄社長のもと、僕は一乗寺店の店長という立場で、商品構成からイベント企画までの運営全般を任されている、というのが実情だ。

1982年に誕生した「一乗寺店」の従業員は、オンラインショップのスタッフやアルバイトを含めて現在15名。大型書店と言われるほどの規模ではないが、街の小さな個人書店のような趣とも違う。

こんな僕の立場も含めて、「恵文社一乗寺店」はすべてにおいて不思議なバランスのもとに成り立っている。店で働きはじめて15年余。ただでさえ書店や出版の状況が激変する時代、真似をしようにも参考になる同業店がない状況で、店の運営スタイルも働き方も、ずっと手探りで切り開いてきた。

街の本屋が次々と姿を消していくなか、恵文社がこの先も生き残るためにはどうすればいいのか。まわりを見わたしてみる前に、まずは自分の店のこれまでを振り返ってみる必要がありそ

書籍売り場全景。全体的に面出し陳列の割合が高い

うだ。

僕の修業時代

1996年、僕がまだ学生だったころ。知人からの紹介で、僕は恵文社にアルバイトとして勤めはじめた。「どうしても本屋で働きたい」という希望があったというよりは、「好きな本に触れていられるから、ほかの仕事よりはマシだろう」程度の動機だった。

それ以前にも本屋でバイトをした経

験はあったが、教えられたことと言えば、万引き防止の見回りや、釣り銭間違いをおこさないコツくらい。どうやら、すべての本の管理はひとにぎりの社員によって行われていたようで、本の発注や配架を任されているアルバイト仲間は一人もいなかった。レジ前にぼーっと突っ立っていたり、棚の商品を立ち読みしたりしながら、たった数時間の勤務時間がなかなか過ぎなかったことをおぼえている。

ところが、恵文社に入るやいなや、突然本棚を一本任せてもらえることになった。今から考えればずいぶん大胆な裁量だが、その当時は、店に社員はおろか店長すらもおらず、別の仕事と掛け持ちで働くアルバイトスタッフが、みなそれぞれに自身の得意分野を活かし、各々棚をつくっていたのだ。僕がどのような棚を任されたのかはっきりとはおぼえていないが、たしか大学で専攻していたビートジェネレーションをはじめとするアメリカ現代文学作家や、周辺のカウンターカルチャー関連本など、自分の家の書棚にある本をたよりに、とにかく知っている本をやみくもに注文したはずだ。毎朝入荷する本のなかに、自分が選んだ本が入っていることがただただ嬉しく、面白い棚をつくるという「仕事」にすっかり夢中になった。もちろん、売り上げのことなどはほとんど頭になかったのだが。

先輩たちに教わったこと

京都大学に京都造形芸術大学、京都精華大学、京都工芸繊維大学など、多くの大学に囲まれている京都市左京区一乗寺。学生街ならではの、良く言えば自由、悪く言えばモラトリアム気分が脱けきらない街に「恵文社一乗寺店」はある。それだけに、当時はアルバイトのスタッフも個性派ぞろい。アーティストやバンド活動を続けながら店に立つ先輩たちに、マンガや音楽、小説のことをあれこれ教わるのが日々楽しく、仕事帰りには呑みに連れて行ってもらって、そこでも本の話。教えてもらったライブやイベントに顔を出せば、だいたい誰か一人は先輩が居て、仕事と遊びが自然とつながりはじめた。一方、店の外に課外授業があるのと同時に、店の仕事が生活にはみ出すことも次第と増えてくる。社長とアルバイト数人とで、車の運転を交代しながら東京まで出かけ、書店やギャラリーをハシゴしたり、右も左もわからぬ状態で海外買い付けに同行したこともあった。

個性的な面々に教わったことは多いが、なかでも特に影響を受けた先輩が二人いる。当時中京区にある町家でデザイン事務所を運営していたヨコスカさんは、リバイバルがさかんだった1960〜70年代のフランス映画のパンフレットや、ヨーロッパのインディー・バンドのCDジャケット、インディー雑誌の編集などを手がける若手デザイナー。編集やデザインの現場に触れるきっかけを与えてくれた恩人だ。もう一人は、とにかくマンガに詳しくて、バンド活動を続けながら働いていたオオニシさん。いわゆるサブカルチャーの世界を邁進する彼は、漫画家の永井豪や小池一夫をリスペクトし、のちにマンガ評論家としても活躍する。仕事帰りに一緒にラーメン屋に寄っては、当時は誰も見向きもしなかったようなB級マンガの魅力について教えてくれた。

当時の僕にとって、恵文社の最大の魅力は、この二人がつくり出す異なる価値観の棚が共存していたことだった。しかし1998年、オオニシさんが地元東京へ帰ることとなり、理想的に見えたバランスは崩れはじめる。いつもの与太話のなか、オオニシさんはふと、こんなことを呟いた。

「堀部くんもいつか、〝こっち〟か〝あっち〟、どっちかを選ばないといけないときが来るよ」

オオニシさんのフィールドであるサブカルチャー方面の世界か、ヨコスカさんが得意としたスタイリッシュなポップカルチャーの世界か。今振り返ると、それほど話はシンプルでないはずだが、実際、この二つの世界がすべてだった当時は、「そうかもなあ」と漠然とした不安にさいなまれた。

その後まもなく、ヨコスカさんも上京。現在も二人の先輩はお互いのフィールドを足場に活躍されているが、僕は結局どちらも選べないまま、現在まで恵文社の仕事を続けている。多様な価値観が共存する、「どっちも」発信できるお店を守り続けたい。今ならばそんなふうに、あのときの問いに答えるだろう。

新店長がもたらした、本屋の「常識」

二人の先輩が店を去ったあとも、レコードショップのアルバイトを掛け持ちしながら恵文社の仕事を続けていた僕は、相変わらず店の売り上げには傍観者の立場で、選書や棚の入れ替えにばかり夢中になっていた。１９９９年、経営状態を見かねた社長は、大型書店での勤務経験を持つテライ店長を連れてきた。

手始めに、彼は「一般的な本屋の仕事」を、日々の仕事のなかでスタッフに教えてくれた。テライ店長に教わってあらためて理解できた出版流通の仕組みとは次のようなものだ。

・出版社と本屋の間には「取次」と呼ばれる問屋が何社か存在し、日本中の本の流通を取り仕切っている。
・「取次」は各書店の売り上げデータに基づき、大手出版社の新刊やベストセラー本を各店に「配本」する。
・出版界には「委託販売制」や「返品条件付き売買」と呼ばれる独自のルールがあり、売れ残った本は基本的には出版社へと返品できる。
・そのため各書店は、その時々の話題書やベストセラー本をどれだけ早く、数多く確保できるかを重視する傾向にある。
・返本可能という条件下では、膨大な出版物のなかから厳選して本を選ぶ必要性は低い。

本屋にとってはごく当たり前のことばかりだが、こんなことすら理解せぬまま自己流の仕事を続けていたのだ。僕が入店したころから一乗寺店は「配本」にたよらず、独自にリサーチした本を出版社に直接注文するスタイルで仕入れをしていたため、出版部数や発売時期にこだわらないばかりか、世間的なベストセラーや話題書など、気にもとめずに棚をつくっていた。当時のスタッフは、それぞれが自分の棚にばかり夢中で、縄張り意識が強く、現場では売り上げデータも、新刊の情報さえも共有できていない状態。「アパッチ野球軍」さながら、裸足でスライディングしたり、三塁へ逆走したり、独自のルールでプレイを続けていた僕らスタッフに、テライ店長がはじめて「公式ルールブック」を手渡してくれたのだ。

基礎的な本屋の仕事や仕組みを学んだことは、自分たちの棚づくりや特殊な仕入れについて、はじめて客観的に見るきっかけとなった。これまで培ったスタイルを活かしつつ、一般書店のノウハウも活用できないだろうか。それからしばらく、[恵文社一乗寺店]はさらなる試行錯誤の時代に突入する。

生活雑貨と衣食住にまつわる「生活館」フロアと書籍フロアは行き来可能

ちょうどそのころ、日本でも『ハリー・ポッター』シリーズの大ブームが巻き起こっていた。2000年、シリーズ第2作が邦訳刊行されるタイミングで、自分たちも話題書を店に置いてみようということになった。しかし、同シリーズのように各書店から注文が殺到する超人気作品を発売日に確保するのは難しい。ベストセラー本を売った実績のない一乗寺店には、出版社や取次にお願いしたところで優先的に配本してもらえないのが実情だ。各方面と交渉・嘆願するうち、姉妹店である西大路店がある程度の冊数を確保していたことが判明。ようやく数冊譲ってもらえることになり、発売日に棚に並べる準備が整った。

『ハリー・ポッター』発売日。「裏技」を使い、バカ売れ必至の本がついに新刊台に並ぶ日がやってきた。お客さんが来る度、スタッフたちと、どきどきしながら新刊台に何度も目をやる。1人、2人…1日、2日…。何度棚を確認しても、ハリーに魔法をかけられたかのごとく、いっこうに本が売れる気配がない。新入荷台であれこれ工夫して並べ替えるも、いっこうに反応はなし。世間であれだけ騒いでいるのがまるで嘘のように、本は一乗寺店では全く売れず、結局すごすごと西大路店に引き取ってもらう結果となった。

自分たちの情報網と足を使ってやみくもに続けていた「個性的なセレクト」は、このころ既に「店のカラー」として定着しつつあったのだろう。話題のベストセラー本を一乗寺店で買おうというお客さんは、もはやこの段階ではほとんどいなかったのだ。店での『ハリー・ポッター』の惨敗は、「一乗寺店ならではのヒット商品」を生む必要があることを意味していた。ベストセラーではなく、ロングセラーを。スタッフが「これ」と見込んだ一冊一冊を、売り切るつもりで注文する。「一般的な」本屋の仕事を知り、試してみたからこそ、自分たちのスタンスや目ざす方向性が、よりはっきりと見えてきたのだ。

店の「メディア化」がもたらしたもの

副店長という立場を与えられた2002年、店はさらなる転機を迎えていた。当時デザイナーの仕事をしながらアルバイトとして籍を置いていたスタッフが、「せっかく面白い店なのだから」とウェブサイトの制作を提案。話し合いの結果、「恵文社一乗寺店」は独自にシステムを作り、一般書籍だけでなく、京都発のリトルプレスや洋書、雑貨などを取り扱う〝実店舗を凝縮したような〟オンラインショップを立ち上げることになった。「Amazon.co.jp」が日本でオープンしてからまだ2年というタイミングで、オンラインショップを利用する人はあくまでも少数派。現在日本に十数カ所ある物流センターも、たった一つしかなかったころのことだ。

こだわったポイントは、自分たちの言葉で綴った説明文と書影を全商品に付けること。一乗寺店では、表紙デザインは選書において重要な基準の一つで、レビューコメントは、自分たちの商品に対する姿勢を明確に示すことでもある。類似するオンラインショップが少なかったこともあり、遠方の人が足を運ばずに商品を購入できるツールをつくったはずが、オンラインショップ自体が、店のメディア・情報発信ツールとして少しずつ機能しはじめたのだ。

それは予想以上の反響で、東京をはじめ、全国から恵文社を目ざして訪れるお客さんが急増した。雑誌からの取材も急激に増え、数ヵ月に一度だった取材が、一時は毎月数本になった。自分たちのメディアを手にしたことで、ギャラリー展示やイベントごとの情報発信が広くできるようになった。他者から「見られている」という意識が強くなり、「店のコンセプト」のようなものについて、考えたり話し合ったりする機会も増えた。今振り返っても、オンラインショップ以前／以後で、店の存在感が大きく異なるように思う。現在、オンラインショップの売り上げは、店舗全体において大きな割合を占めるようになり、一乗寺店の経営を支える、なくてはならない部門へと成長している。

窓から差し込む光が、本の姿を美しく見せる

広がる「商品」の枠

ここで話は少し前後する。僕がアルバイトとして入店する1年前の1995年、店の裏にあった材木置き場を改装した「ギャラリーアンフェール」がオープンした。当時、近藤社長はレンタルギャラリーをつくることで、街の中心部から離れた店に、新たな人の流れをつくろうとしたのだ。もちろんレンタル料や展示販売料を確保することで、書籍販売だけでは苦しい店の運営を助けたいという目的もあったようだ。ギャラリー併設の複合型本屋は、当時としては新しい試みだったはずだ。

オープンから数年はぽつぽつと空き期間もあったギャラリーだが、いつしか半年先、1年先までスケジュールが埋まりはじめ、今では毎週何かしらの展示が行えるようになっている。

僕がアルバイトをはじめた年には、エロティックな幻想画でカルト的人気を誇る佐伯俊男の原画展があった。翌97年には先述のオオニシさんが担当した、漫画家の坂口尚や井上三太の作品展、「写真新世紀優秀賞」を受賞したばかりの新人フォトグラファーだった蜷川実花の写真展も開催している。スタッフが作家に直接企画を持ちかけたものもあるが、多くは「アンフェール」を面白がってくれた編集者や出版社からの持ち込み企画だった。ギャラリーを媒介にして、本を売る側であるわれわれと、つくる側である出版社や作家さんたちとの距離がずいぶんと縮まり、「本屋の中のギャラリー」という存在意義が次第にはっきりとしてくる。

あくまでも本屋併設のギャラリーということで、開廊当初は写真やマンガ、イラストなど出版関連の展示に限った企画展だったが、その幅は次第に広がっていく。ウェブサイトを立ち上げたのと同時期の2001年。当時のギャラリースタッフがアパレルブランド「ミナ」(現「ミナ ペルホネン」)のアイテムを展示・販売する企画を提案した。今では珍しくないことだが、書店でバッグや洋服を扱うことに、当時は違和感やためらいがあり、スタッフ間では賛否が分かれた。しかし、雑貨とギャラリー運営のみを担当する女性スタッフには、そんなためらいはかけらもない。本屋の常識にとらわれていた僕の反対をよそに、彼女の強い確信をもとに開催した企画展は、蓋を開けてみれば大盛況。売り上げ面でも大きなプラスとなり、その後のギャラリーの方向性や、新フロア「生活館」の立ち上げに影響を与えただけでなく、カルチャーや人文書、小説などが中心だった選書の幅をも広げるきっかけとなった。

同じころ、店では新たな試みとして、古本も取り扱いはじめた。2000年に愛知県で女性店主がはじめた「海月書林《くらげしょりん》」というオンライン古書店が話題になっており、一般的な古本のイメージを大きく覆す視点に僕も刺激を受けたのだ。「海月書林」では、それまで見向きもされていなかった昭和30〜40年代の『暮しの手帖』のような雑誌を、古本になじみのない若い読者層にむけて紹介していた。恵文社の古本の選書は、詩人であり、愛書家の扉野良人さんに託した。趣味の古書店・古書市通いで背取りした本を、個人的に卸してもらう。当時、新刊書店で古本を扱う店はまだ少なかったはずだ。２００３年からは毎年、ギャラリーを使って「冬の大古本市」を開催。毎年好評を博し、現在も続く冬の定番企画となっている。古本との一期一会の出会いを求め、はるばる遠方より来場されるお客さんも多く、より広くブックハンティングの楽しみを提供するため、２０１２年からは「ガケ書房」「萩書房」など地域の新・古書店を巻き込んだイベントとして拡大を続けている。

こんなふうに今でも、時代や街の変化、お客さんの反応、スタッフが持ち込んだアイデアなど、さまざまなことに刺激され、店は変化を続けている。店の「種まき期」が僕の「収穫期」だったのだと、今しみじみと実感する。見返りがあるかどうかもわからぬ投資を続けてくれた社長には、未だに頭があがらない。すくなくともその投資の結果が、現在の恵文社の土台となっているのだから。

突然、店長になる

書店経験を持ち、豊富な知識を持ったテライ店長だったが、オンラインショップの運営や展示企画、古書や雑貨の販売など、一般書店とは別の道への歩みを強めつつあった恵文社の仕事に苦労もされたようだった。店との方向性の違いも要因となり、2002年、テライ店長は退社することになった。そして、たまたま一番キャリアが長かった僕に、突然店長のバトンが手渡された。

形だけは店長となったものの、経営に関するビジョンも、店をまとめる手腕も全くない。とりあえずは面白い本やアイテムを仕入れて宣伝する、を繰り返すしか術はなかった。それぞれ得意分野を持つスタッフと共に棚づくりの試行錯誤をひたすら続けるうちに、やがて店の要である「棚づくり」に変化が生まれた。

・文庫やハードカバー、絵本やアートブックを混在させ、あいうえお順などのインデックスは使用しない。
・「料理書」「文庫本」のような便宜上の分類をほぼ解体させ、独自のテーマで並べる陳列法を各コーナーに応用する。

言語化することの難しい、感覚を根拠とした本棚づくりの方法論を、スタッフ同士でようやく共有できるようになってきたのだ。

たとえば、今なお定番となっている「乙女のための本」という棚には、「乙女」というアナクロな言葉のニュアンスを持った、大正・昭和期の少女小説や、ロマンチックな図案集、少女という存在そのものを論じた本が並ぶ。こういう発想は女性スタッフならではのもの。ある日、同コーナーの発案者であるノムラさんは、星新一の文庫本を「乙女棚」に平積みした。「ショート・ショートの名手」としておなじみの作家の著作のなかでも異色の、少年を主人公にしたファンタジー小説『ブラ

新刊棚にまざって、古書を集めたコーナーも常時展開

ンコのむこうで』（新潮社）を、膨大な星新一の著作と切り離したことで、本の持つ文脈が変化する。新たに女性の注目を集めた『ブランコのむこうで』はよく動き、売れ行きに注目した版元の文庫営業担当の方が、わざわざご挨拶に来られたほどだ。

シュルレアリスム周辺の作家たちや、その紹介者である澁澤龍彥らの本を中心に、瀟洒な装幀の手製本などをガラス棚に飾った「書斎のギャラリー」というコーナーも、「恵文社らしい棚」と評価される棚の一つだ。こちらは創作活動を続けながら勤務するスタッフによって作られた。個性的な棚を共存させることで、多面的な恵文社のイメージが完成しつつあった。店長として、自分だけの好みを反映させるよりも、複数の価値観が入り交じる店のあり方を重視したのだ。

自主企画と、売り上げと

店長になってからは、ギャラリー「アンフェール」の企画にも積極的に関わるようになる。とはいっても本屋の仕事同様、誰になにを教わったわけではない。すべてが自己流で、「キュレーション」なんて言葉さえ当時は知らなかった。本好きの知人や編集者と、作家やアーティストの話で盛り上がり、「ギャラリーでなんかやろうよ」という言葉がすべてのきっかけ。左京区でミニコミ誌『モダンジュース』を編集発行していた近代《こだい》ナリコさんもその中の一人。現在文筆家として活躍されている近代さんは、当時店の近所に住んでいて、宇野亜喜良や鴨居羊子の絶版古書を度々紹介してくれていた。そんな縁もあり、彼女の企画・発案で、2003年に「Chic Pop 宇野亜喜良の世界」展を、翌年に「鴨居羊子・細江英公　ミス・ペテン」展を開催した。古本販売や「冬の大古本市」のムードと連動して、このころは

〈遊ぶ〉
シュルレアリスム
―不思議な出会いが人生を変える―

瀟洒な装幀の自費出版物などを集めた「書斎のギャラリー」

若い読者に向けて昭和の作家に改めて光を当てる企画を多く展開した。

2004年には、僕が古本市で見つけた一冊の古本がきっかけとなり、デザイナー田名網敬一さんの企画展「ウィークリーTANAAMI」も行った。昭和40年代の雑誌『週刊プレイボーイ』増刊号に載っていた田名網さんのイラストを、たまたま古本市に居合わせたご本人にお見せしたところ、懐かしがってくださったのだ。田名網さんの商業デザインの仕事にクローズアップした企画展を開催したいと事務所に押し掛け、膨大な作品を見せてもらいながら、図々しくも展示作品を決める。しかも選ぶのは代表作ではなく、若いころに描きとばした、ご本人すら忘れていたような商業イラストばかり。世界で活躍される先生相手にずいぶん怖いもの知らずだった。

いずれの展示でも、かつての先輩ヨコスカさんを交えてオリジナル小冊子をつくり、販売した。企画同様、編集もまったくの独学。これらの展示は、新聞などのメ

「ウィークリーTANAAMI」展、「ミス・ペテン」展にあわせて発行した図録

ディアにとりあげられ、話題こそ呼んだものの、こちらの思惑ほどの利益にはつながらなかった。

店長になって以来、「本」と「雑貨」、「やりたいこと」と「売り上げ」の間では、ずいぶん悩まされている。あくまでも本屋であるという矜持は捨てたくないが、実のところ、利幅や売り上げ単価で本は雑貨にかなわない。

店に勤めて間もないころ、関西初出店として話題となっていた「ヴィレッジ・ヴァンガード　神戸ハーバーランド店」

まで社長とスタッフ数名で見学に訪れた。当時はヴィレッジ・ヴァンガードの選書にずいぶん刺激されたが、時を経るにつれ、どの支店でも目に見えて雑貨の割合が増えはじめ、次第に僕の足は遠のいていく。そういった同業他店を横目で見ながら、あくまでも本屋としての魅力と商品構成でお客さんを集めたいと試行錯誤する場が企画展だったのかもしれない。ギャラリーは恵文社にとって、「本屋」と「雑貨店」の境界でもあったのだ。

パンも売ります

バブル崩壊後、長引く景気の低迷はファッションやカルチャー雑誌の読者層にも如実に影響を与えていたようだ。イラストレーターの大橋歩さんによって2002年に創刊された季刊誌『アルネ』と、マガジンハウスから翌年創刊された『クウネル』(コンセプトは「ストーリーのあるモノと暮らしを考える」)。それ以前の女性誌では定番だったカタログ的な記事が後退し、生活や身近なものごとに物語を求める記事の数々には、消費のあり方の変化を肌で感じさせられた。

そのころ恵文社では、料理実用書やライフスタイルに関する本の扱いはほとんどなかったが、美しいブックデザインや、個性的なコンセプトのライフスタイル関連書が入荷するたび、テーブルに平積みするとよく動いた。まとめれば面白い本棚ができそうだと思いはじめた時期に、隣で営業していたケーキ屋さんが廃業されることになった。店の運営に協力的な大家さんより、「よそが入るのであれば恵文社さんに是非」とお声がけをいただく。そこで浮上したのが「生活館」の構想だ。衣食住を中心としたライフスタイルの本棚を増設し、それと関連したアイテムを新たに扱う。「生活館」というコンセプトができあがったのは、やはり雑誌や本など、店で扱う出版物の変化を観察し続けた結果だった。

2006年、「生活館」オープンにあわせ、担当スタッフが企画したイベントは、何とパンの販売。『京都のパン屋さん』（コパン・サンク著／mille books）という本の出版とあわせて、そこに掲載されているパンを、限定で販売する。ギャラリーで洋服を販売したことでずいぶん免疫はついたつもりだったが、いよいよ食品販売にまで関わることになるとは…。今では、取引先のお店に顔を出したり、生活雑貨を買ってみたりと、本以外の「勉強」も欠かせない。ついに僕の仕事は、本屋の範疇を大きくはみ出した。

店が変われば、街も変わる

「生活館」での展示も、基本的には本の出版をきっかけとするものが軸だ。本の世界を店という空間で表現すると解釈すれば、違和感はすぐになくなった。書籍発売にあわせたお菓子やお弁当販売、屋台出店などのイベントも、今では珍しくない。いよいよ混沌とした店となりつつあるが、「敷居が低くなった」と喜んでくれるお客さんも多い。本を販売するだけでなく、著者や親しい近隣のお店に参加してもらうイベントが増えてからは、店と街との関わりも、より深くなった。

街が動きはじめる

２００２年、店の近くにご夫婦が営むオーガニックカフェ「きさら堂」がオープン。２００５年には店のすぐ裏に定食も食べられる喫茶店「つばめ」が開店した。それまで一乗寺界隈には、本を持ち込んで一服するような店はなく、お客さんにとってそれらは貴重な休息所となる。さらに天然酵母を使ったパン屋さんや民家を改装した雑貨店など、あれよという間に、店の周辺には個性的な小さなお店がぽつぽつと増えていった。先述のオンラインショップ以降の流れで、遠方から恵文社まではるばる足を運ぶお客さんが増えたこともあり、一乗寺を訪れる人の流れが変わりつつあることを象徴する現象だった。恵文社のみを目ざすような買い物ではなく、

「生活館」では、コーヒー豆から器、食に関する古本までを幅広く扱う

店の周辺も楽しんでもらおうと、2006年からはオンラインショップ上で、近隣のお店を紹介する連載「お店探訪」をはじめた。一両編成の叡山電車に揺られ、恵文社でゆっくりと買い物を楽しみ、購入した本を近くのカフェに持ち込んで一服する。そんな「体験」があればこそ、次もお店に来てもらえるのではないか。

学級新聞を発行するような気持ちではじめた連載「お店探訪」は、いつの間にか世間とリンクしはじめていた。同じ年の秋、京阪神の情報誌『Lmagazine』が「京都市、左京区。」と題した特集号を刊行。左京区の個性派店主などが集う写真が表紙を飾った同号は、この街に生まれつつあった小さなコミュニティを象徴しているかのようだった。この特集以降、雑誌に掲載される際には「左京区」や「一乗寺」というエリアと共に紹介されることが増えた。2008年秋、『Lmagazine』二度目の左京区特集の誌上対談で、同じ左京区の個性派書店［ガケ書房］の店主、山下賢二さんともはじめて膝を突き合わせて対話した。この対談が両店の交流のきっかけとなり、2010年には、小冊子や古本をテーマにしたイベントを［ガケ書房］と

［恵文社一乗寺店］［ガケ書房］によるオリジナル小冊子イベントのフライヤー

共同で企画・開催。同年には左京区の個人店60店舗が参加する、スタンプラリーを中心としたイベント「左京ワンダーランド」がスタートする。

こんなふうに、近隣の店やお客さんがつながり、催しとなるような動きは、街からも自然と生まれるようになった。京都市の端っこの学生街として認識され、観光地としてあまり注目されることのなかった左京区が、今では個人店がひしめく小商いの街として注目されつつある。

僕の仕事は本を中心としたさまざまな

「きょうと小冊子セッション」にて、恵文社スタッフが編集発行した小冊子

文化を、雑誌のように編集することなのだと、最近になって思う。本さえ中心にあれば、どんなことに挑戦しても恵文社らしさは表現できるはずだ。編集の仕事は店の中をはみ出し、街にまで広がりはじめている。そこに立つ人間が切り盛りする小さな店が生き残るためには、商品やサービスの工夫だけでは限界がある。業種を超えて、街に学び、街と共に生きることにこそ、本屋をはじめとする、小さな店の未来があるはずだ。

恵文社一乗寺店界隈　事件簿

一九五〇年　「三月書房」「六曜社」オープン
一九六三年　京大西部講堂、現在の場所に移築
一九七二年　出町柳に「ほんやら洞」オープン
一九七五年　恵文社創業
一九八二年　「恵文社一乗寺店」オープン
一九八六年　知恩寺で「百万遍さんの手づくり市」がスタート
一九九五年　ギャラリー「アンフェール」オープン
　　　　　　アンティーク喫茶「迷子」開業
一九九六年　著者、恵文社一乗寺店にアルバイトとして入社
　　　　　　アルバイト面接は10分程度の世間話のみだった
　　　　　　十一月／佐伯俊男原画展☆
一九九七年　一月／井上三太原画展☆
　　　　　　五月／蜷川実花写真展☆
　　　　　　十月／川崎ゆきお原画展「猟奇・明日休む人たち」
　　　　　　恵文社初となるパンフレットを編集、発行する
　　　　　　十一月／沼田元氣写真展☆
一九九八年　一乗寺に「屯風」オープン
　　　　　　『モダンジュース』第一号「特集・鴨居羊子」刊行
一九九九年　九月／100%ORANGE「HOME ROOM」展☆
　　　　　　以降、数回にわたり企画展を共催することになる。
　　　　　　「WORKSHOP records」オープン
二〇〇〇年　著者、恵文社一乗寺店副店長就任
　　　　　　フランクフルト国際ブックフェアを見学

二〇〇六年　一月ホンマタカシ写真展「きわめてよい風景」☆
　　　　　　八月／しまおまほ・かせきさいだぁ展☆
　　　　　　「まほ&さいだぁ≡EXPO in 京都」
　　　　　　十一月／レイモン・サヴィニャック展☆
　　　　　　「丸善河原町店」閉店
　　　　　　下鴨に「yūgue」オープン。翌年の『京都の
　　　　　　パン屋さん』刊行イベントにも参加してもらう。
　　　　　　恵文社一乗寺店「生活館」オープン
　　　　　　『Lmagazine』特集「京都市、左京区」刊行
二〇〇七年　十月／福田利之「コジナ帖原画展」☆
　　　　　　三月／「イイダ傘店　平成十九年　春」展☆
二〇〇八年　四月／100%ORANGE作品展☆
　　　　　　二月／小野セツロー「セツローのものつくり」展☆
　　　　　　『Lmagazine』特集「京都市、左京区 2」刊行
　　　　　　十月／BOOK ONN × KEIBUNSHA PRESENTS
　　　　　　「AHO AHO-EXPO」展☆
　　　　　　「ちせ」「ガケ書房」「シサム工房」3店で
　　　　　　「きたしらかわスタンプラリー」スタート
　　　　　　英ガーディアン紙「世界の素晴らしい本屋 10選」
　　　　　　に選出。覆面取材として通知はされず、同記事を
　　　　　　紹介したブログによって掲載事実を知る
二〇〇九年　十月／ボブ・ギル展☆
　　　　　　北白川に「古書善行堂」オープン

以降数年にわたり仕入れのために見学、
あわせてヨーロッパ買い付けを行う

二〇〇二年
著者、恵文社一乗寺店店長就任
二月／「mountain mountain:mina」展☆
カバンとステーショナリーを販売、
予想以上に反応があった
四月／森藤大介個展「裏モリカゲシャツ」☆
五月／ブルーノ・ムナーリ展☆
一乗寺にカフェ「きさら堂」オープン
これまで来客時にうちあわせで使えるような
「カフェ」は徒歩圏内になかった

二〇〇三年
一月／ディック・ブルーナ
装幀の仕事展「ブラックベア」☆
六月／cubismo grafico exhibition「ismo!」☆
十一月／Chic Pop 宇野亜喜良の世界」☆
七月／ジャン・ミッシェル・フォロン展
「Folon for Olivetti」☆
十二月／第一回「冬の大古本市」開催☆
「百万遍さんの手づくり市」申し込み者多数のため
抽選に。以降、毎月15日は曜日関係なく
恵文社も混雑する日として定着する

二〇〇四年
北白川にて「ガケ書房」オープン
七月／田名網敬一展「ウィークリーTANAAMI」☆
九月／鴨居羊子・細江英公展「ミス・ペテン」☆
百万遍に「屯風」移転オープン

二〇〇五年
一乗寺にカフェ「つばめ」オープン

二〇一〇年
三月／『たくさんのふしぎ』300号記念展☆
十月／恵文社企画「一杯の珈琲から」展☆
会場にて奥野修×庄野雄治×オオヤミノル
トークイベント開催
第一回「左京ワンダーランド」開催
恵文社一乗寺店・著
『本屋の窓からのぞいた〔京都〕』(マイナビ)刊行

二〇一一年
一月／ロベール・クートラス展☆
七月／甲斐みのり
「甘いノスタルジア おやつの記憶」展☆
十月／ガケ書房・恵文社一乗寺店
「きょうと小冊子セッション」共催☆
二店がそれぞれ作り卸の冊子を制作依頼し、
販売した企画。後日大阪でも開催した。

二〇一二年
出町柳に「ナミイタアレ」オープン
十月／村上春樹著・大橋歩 挿絵版画展
「サラダ好きのライオン 村上ラヂオ3」☆
十二月／恵文社含む左京区の書店／古書店5
店舗共同開催による古本祭り
「ま冬のブックハンティング」開催

二〇一三年
出町柳文化センター(DBC)オープン
恵文社一乗寺店　ギャラリー
「アンフェール」リニューアル
十一月　恵文社一乗寺店内にイベントスペース
「コテージ」オープン

☆は、ギャラリー「アンフェール」での展示

Column 1

映画館のない街

かつて「恵文社一乗寺店」のむかいには映画館があった。今でいうシネコンのような大規模なものではなく、「単館系」や「ミニシアター」と呼ばれる、スクリーンが一つだけの小さな劇場。「京一会館」というその映画館は、1975年に一度閉館した後、観客だけでなく、監督や俳優ら映画関係者たちが主導して集めた4万人もの署名に後押しされ、営業を再開した。数ヵ月間の閉館を経て、その後しばらく上映を続けるも、結局1988年にはその幕を閉じてしまった。僕が客としてはじめて恵文社を訪れたのはおそらく1993年ごろのことなので、映画館と本屋が向かい合って営業していた光景は、残念ながら目の当たりにはできなかった。

時折レジに立ちながら、もし今も店のむかいに映画館があったら、と想像する。映画関連の書籍がもっと売れるだろうか。支配人と相談して、イベントを共同開催できないだろうか。なによりも仕事帰りに気軽に映画を観て帰れるなんて、最高の環境だ。しかし残念ながら［京一会館］がなくなって以降、大学構内でのイベント上映などをのぞいて、地元左京区で日常的に映画を楽しめる場所は今もない。

スーパーマーケットの2階で営業していた［京一会館］には、設備が整っていたとはとても言い難い。訪れる観客たちは、冬はコートを着ながら、夏は汗をかきつつ映画を楽しんだという。劇場内では、弁当を食べながら映画を楽しむ客や、スクリーン前に敷かれたゴザに寝っころがる観客もいたそうだ。もぎりのおばちゃんは名物スタッフとして有名だったそうで、特集上映でロビーが混み合う際には、観客に行列の整備を手伝わせたり、電話の取り次ぎのため上映中にお客さんを呼び出したりすることも日常茶飯事。いまやチケットすらも自販機で購入するのが当たり前、売店で販売しているもの以外の持ち込みは禁止、そんな無菌状態のシネコンに比べると、驚くべきユルさだったようだ。

恵文社と劇場に直接の関わり合いはなかったようだが、薬師丸ひろ子が舞台挨拶に来た日には、［京一会館］から恵文社の前まで行列ができたらしい。支配人は足が悪かったようで、松葉杖をつきながらも［ほんやら洞］をはじめとする市内の喫茶店や本屋をくまなくまわり、月間スケジュールを配布していたという。現在、恵文社には毎月たくさん映画館のスケジュールが送られてくるが、支配人自らが配布に訪れたケースはほとんどない。

個性的なプログラムが売りで、2本立て、3本立ては当たり前。週末にはオールナイトで5本立てなんていうプログラムも定期的に開催されていた。「悪魔のいけにえ」シリーズで有名なトビー・フーパー監督と、「血を吸う」シリーズを代表作に持つ山本迪夫作品の4本立て特集「恐怖との遭遇」や、スティーブン・キング原作映画から大林宣彦のカルト作まで、少女を主人公にしたミステリー映画を集めた「少女にミステリー」まで、ユーモアと映画愛溢れる独特のプログラムがこの劇場の最大の魅力だったのだろう。当時を知る人に聞けば、ロマンポルノを作品として評価し、小津安二郎監督作品のようないわゆる古典的名作と同じ扱いで上映したのも関西では［京一会館］がハシリで、当時としては斬新だったようだ。

本と映画という「売り物」こそ違えど、［京一会館］がやってきたことと、恵文社が今やり続けていることには少なからず共通点があるのではないか。勝手にシンパシーをおぼえた僕やスタッフは、『本屋の窓からのぞいた︹ちょっと昔の︺京都』という小冊子を作り、［京一会館］についての記事を書くことにした。

資料を探すため、「京の記憶ライブラリ」を擁する京都府立総合資料館に足を運んでみた。しかし［京一会館］はおろか、たった30年ほど前の映画館や商店に関するまとまった資料はほとんど見つからない。平安時代や江戸期の商いに関する資料については、現在でも体系立てたものが残されている。しかし、ついこの間なくなったばかりの劇場や商店の記録のほうは、誰も気に留めないのだろうか…。どんなに人気のあった映画館でも、なくなってしまえば記録として残るものはなにもない。役目を終えた商業施設について記録された文献があまりに少ないことに、ある種の淋しさをおぼえてしまった。

結局、ここに書いたような［京一会館］にまつわる話のほとんどは、酒場などに居合わせた「元常連客」たちが語った思い出話と、個人のウェブサイトやブログでの回想記事から集めた。酒場で酔客の話を書き留めながら、まるで民俗学者になったような気分だった。

こんなにも街の人たちから愛されていた［京一会館］が閉館してしまった理

由はわからない。VHSソフトの普及やレンタルビデオ店の登場とともに、徹夜で5本立てを観にわざわざ劇場へ足を運ぶ客が減ってしまったのだろうか。それとも3本立てでたったの500円という格安の入場料では、劇場を維持しきれなかったのかもしれない。

いずれにせよ、署名運動までおこるほど熱心な観客がいたにもかかわらず、営業を続けることができなかったという事実には考えさせられてしまう。いくら支持されているお店だって、ちょっとした流れで閉店せざるを得ないことだってあるのだ。[京一会館]のことを思うたびに、どうしても恵文社のことを重ねあわせて考えてしまう。

映画館のない街がいまや当たり前となったように、本屋のない街に違和感を持つ人も、いつしか少なくなってしまうのかもしれない。

第二章
京都
「ここだけ」の小さな店

街も店をつくる

ややこしいエリア、左京区

京都市左京区。北に広がる山間部をのぞけば端から端まで自転車でまわれる小規模な街。修学院離宮に南禅寺、下鴨神社など、錚々たる名所・旧跡を擁しながらも、多くの大学に囲まれた街並はどこか雑然と散らかっている。

コッテリした京都ラーメンの人気店が並ぶ、通称「ラーメン街道」と、オーガニック系のスーパーやカフェがすぐ近くに共存する様は、芸大生の多いこの地域ならでは。安いアパートやシェアハウス利用を推奨する学生むけのユルい賃貸物件が数多くあり、市内の他区に比べ家賃も安いため、近隣の大学を卒業後は、就職せずにそのままずるずるとこの地に居ついてしまう「人生浪人」も少なくない。

かくいう自分も大学を出てすぐに左京区の実家を出て、友人2人と一軒家をシェアしながらモラトリアム期を謳歌したたちだ。3DKの2階建てに、隣接する平屋もついて、家賃は12万円。一人4万円で悠々と暮らせるのだから、そう簡単には抜け出せない。

区内には大企業が少なく、学生と商店で街の大部分が成り立っている。スーツ姿の人間を見かけること自体が珍しい。日常的によく見かけるのは、ドレッドヘアに絞り染めTシャツ、裸足にサンダル姿の〝いかにも〟なヒッピー風。もしくは、い

い歳して昼間からバンドTシャツに手ぶらでうろうろしているようなオッサン。仕事もせずぶらぶらしていても肩身の狭い思いをすることがあまりない、モラトリアム気分が抜けきらない大人に優しい街なのだ。

東京都内でたとえるならば、中央線沿線や下北沢あたりの街に近い雰囲気なのだろうか。世田谷区と比べると、左京区の人口密度は1／20以下。飲食店や小売店など、サービス業に従事する人の割合は比較的高いが、そもそも絶対数が多くない。選択肢の少ない分、

高野川と鴨川が合流し、Y字を描く地点。合流点はカップルや親子連れでにぎわう

似たような趣味嗜好を持った人間が同じ酒場やイベント会場で鉢合わせする機会はずっと多いはずだ。そんなスモールサークルへの帰属意識のようなものを常に感じていられるのは、地方都市ならではの日常かもしれない。

左京区の人間交差点

大学に囲まれているだけあって、左京区は市内随一の文化的エリアと謳われることも多い。どこかの雑誌が「左京区は京都のカルチェ・ラタンだ」なんてもったいぶった調子で書こうものなら即、鼻で笑うようなシニカルさは、この街の住人の特徴だ。「左」京区だけに、リベラルな気質の人間がやたらと多く、ずるずると長引いた学生運動の残り香も、いまだあちこちで感じられる。京都大学の内部にありながら、学生たちが自治権を握っている名物「京大吉田寮」や、連絡協議会によって運営される「西部講堂」もまだまだ健在。大学という知的権威と、そのなかにいながら権威に反発する学生たちが共存する、ややこしいエリアと言える。

そんな街に住む人間だけが知る、左京区民の人間交差点のような店。それが、京大近くにある居酒屋、［屯風《とんふう》］だ。

夜になると、界隈の学生や先生はもちろん、近所で店を営む同業者から、ミュージシャン、作家、編集者など、創作活動にたずさわる職業人も、ちょくちょくこの店に顔を見せる。常連客のなかには、アフリカ南部の小国の憲法草案にたずさわったという、なんだかすごい留学生や、京大卒の清掃職員など、幅広い顔ぶれはこの店ならでは。

百万遍交差点にある雑居ビルの3階。一見《いちげん》にはなかなか入りにくい店のドアを開けると、数人腰かければ肩が触れそうなカウンターに、10人で大混雑となるテーブル席が目に入る。一乗寺から現在の場所に移転し、今年で10年目。魚の煮つけや小鍋など、和食ベースの肴が人気で、日本各地から取り寄せた日本酒も数多くそろう。カウンター越しに街の話題が飛び交うこの店の中心で、強者たちの相手をそつなくこなすのが、店主の「とんぺい」さんだ。

［屯風］のルーツは、京都の名物喫茶店にある。一時期は学生運動や「べ平連」のメンバー、京都の左派文化人たちの拠点として機能した［ほんやら洞］。喫茶店の枠を超え、詩の朗読やフォーク・ライブが頻繁に開催され、関西フォークミュージックシーンの拠り所にもなった店だ。今から約30年前、同志社大学と当時広小路にあった立命館大学の中間にあったころ、とんぺいさんはそこに居た。

常連客という名の「株主」

人が集まる場としての機能を重視した当時の「ほんやら洞」は、1杯のコーヒーで終日居座る常連のたまり場と化していた。学生運動やフォークムーブメントも下火となり、経営面では危機に瀕しつつあったという。店内は、客席から厨房まで常に散らかりっぱなし。時間どおり出勤しても店が開いていなかったりと、営業自体もまともな喫茶店とはいえない状況だったという。そんなある日、当時アルバイトだったとんぺいさんに、突然経営のお鉢がまわってくる。

このままでは店として成り立たないと察したとんぺいさんは、「思想は置いといて」、ランチのメニューを一新。いちからの店づくりに精を出した。その甲斐あって「ほんやら洞」は次第に店としての活気をとり戻していく。

「カフェとして売り上げを確保しなければ、場がなくなってしまうと思ったんですよ。ちゃんとお金を落としてくれるお客さんを大事にしないと、経営が立ち行かないですからね。当時、洋食なんかを出す店だと、ご飯を平皿で出すところがほとんどだったんですけど、僕はそれが嫌で。茶碗でご飯を出して、みそ汁もつけて…。なんやかんや工夫してると、ランチで120食くらい出る繁盛店になってね（笑）。今ではふつうなんだけど、定食を出すカフェの走りなんじゃないかと、最近になって言われることもありますね。店が流行りだすと、当時の常連客にはずいぶん批判されました。ここはそういう店じゃない、とかなんとか」

常連客というのは、店の運営を左右する株主にもどこか似ている。株主の影響力が強すぎると、いつのまにか店は私物化され、排他的になってしまう。

街と歩調をあわせてみる

［ほんやら洞］と共に年を重ねるうち、とんぺいさんにも店の共同運営者にも家族が増えることになった。結婚を機に、とんぺいさんは独立することを決意し、一乗寺に［屯風］を開く。

「開店当初は［ほんやら洞］の延長で洋食屋をやったんだけど、客なんか全然来ない。一乗寺界隈には呑んでゆっくりできる居酒屋が多くて、実際に繁盛してる店も多かったから、居酒屋にシフトチェンジしようと決めた。実はそれまで、酒は全く呑めなかったんだけどね。街が求めているものってあるんですよ。早速、知り合いの魚屋に通いはじめて、酒もおぼえて」

「元々喫茶店あがりだから、ハコはカフェみたいな感じになるんだけど、出すものは酒の肴。でも音楽はロックとかポップスを流してるから、面白がられたりしてね。それでようやくお客がつきはじめて、少しずつ店らしくなっていった。その後も顔見知りの居酒屋での丁稚奉公でおぼえた寿司を握ったり、カレーランチをはじめたり。ずいぶんいろいろと試行錯誤しましたね」

同じような試行錯誤を、僕も恵文社で経験した。僕がアルバイトとして勤めたのは今から15年以上前。当時から一乗寺店では、本棚の選書を担当ごとに一任する方針だったので、働く人間の顔ぶれが変われば、商品構成もがらっと変わるという状況だった。レジ前にそろえられたトレーディングカードを求めて高校生が殺到していた時期もあれば、CDコーナーに現代音楽や前衛音楽がびっしりと並んでいたこともあった。みすず書房から出版されるような堅めの人文書が充実していたかと思えば、月刊漫画誌『アフタヌーン』系のコミックが全巻そろっていたことも（大きな書店では当たり前かもしれないが、現在の恵文社ではスペースの都合上、10巻以

1 2 3 4
早川義夫
山本精一

[屯風] 店内。同店の常連客が関わるイベントのチラシが雑然と壁に貼り出される

上続くコミックを並べて売ることはほとんどない）。下っ端だった自分は目まぐるしく変化する棚の様子を傍観するだけ。どの棚にも一定数の支持者がついていたが、気まぐれに商品構成が変わることについては、批判や苦情も多かった。SNSが今のようになかった当時、街で出くわしたお客さんから「あの棚なくなったから、もう店行くのやめたわ」などと突然告げられたことも少なくない。本屋の棚は試行錯誤の繰り返し。そこにお客さんとの「対話」がなければ、変化は気まぐれなひとりよがりにすぎない。

恵文社の店長となってしばらく経ったある日、店頭にお客さんから受けた注文品が届いた。古書と見まちがえそうな、古色蒼然としたたたずまいのロシアの絵本。1980年代、まだソ連だった当時の絵本を邦訳刊行していた、新読書社という出版社のものだった。「まだこんなものが、注文すれば新刊として手に入るんだ」と、スタッフと共に色めき立ち、早速店の本棚に並べるために注文した。それから同社のロシア絵本は、恵文社独自のロングセラーとなった。直接言葉を交わさずとも、お客さんとの「対話」はこんなかたちでも成り立つ。周囲の声に耳を傾けることによって、店が有機的に変化できることを知った一件だ。

「発信」から「共存」へ

京都造形芸術大学の南、同じ左京区エリアである白川下別当町に2004年オープンした「ガケ書房」も、街と共に変化し続ける店だ。その名の通り、崖を模した外壁から車が飛び出す、一度目にすれば忘れられない外観。「左京区に新たなカルチャースポットが」と、鳴り物入りで開業した当時のことは僕もよくおぼえているが、開店当初は商品構成より先に、個性的な営業形態のことばかりが耳に入り、どこか行きづらさを感じていた。店主の山下賢二さんは当時をこうふり返る。

「僕は下京区出身で、長い間東京で働いてきたから、左京区独特のムードみたいなものについてあまりよく知らなかったんです。恵文社さんの存在さえも開店直前にはじめて知ったくらいで。恵文社があるのなら、自分は違うやり方で本屋をやろうと。『こんな店にしたい』との自己主張から店をはじめたけど、経営面ですぐ壁にぶつかった。開店から1年が過ぎたある日、店の状況を見かねた友人がガケ書房のチラシを周辺のお店にまきにいってくれたんです。そのとき「屯風」のとんぺいさんが、『このあたりで商売やっていく

［ガケ書房］カウンター周辺。レジ前にはチラシ類が溢れんばかりに設置される

ならヨコの繋がりがないと難しいよ』とアドバイスをくれて、翌日からすぐ実践した（笑）。周りの店に顔を出したり、お客さんにも愛想良く応対するようになって」

「最近の店内イベントなんかは、ほとんどが外部の企画者や作家さんからの持ち込みばかりで、実は僕から提案することって、今ではあまりない。もちろん、どんなものでも最終形として「ガケ書房風」にアレンジはしますが。店で扱えなさそうなミニコミが届いたときは、直接作り手の人にアドバイスして改めてつくってもらったり。そうやってお客さんや、まわりの流れにあわせているうちに、少しずつ商品構成が変わってきて、このエリアにもやっとなじんできた気がします」

オープンから数年が経ったころから、恵文社の店頭でも「ガケ書房」への道のりを尋ねられることが増え、「ガケ書房」の買い物袋をぶら下げて来店されるお客さんもちらほら見かけるようになった。気になって足を運び、本棚をじっくり眺めてみると、開店時のイメージを裏切る街の本屋の姿があった。インディーズのCDや自費出版物など恵文社とは明らかに特色の違う品揃えもあるが、雑誌やライフスタイル本のセレクトなど、よく観察すれば恵文社と重複する商品も多い。同じ本を扱っても、店内のイメージや陳列の仕方で商品は随分違って見えるようだ。両店の交流は徐々に深まり、2011年、ガケ書房と2店で「京都小冊子セッション」を行った。その後も古本をテーマにしたイベントを共催したりと、両店を行き交うことを促すような催しを続けている。競争ではなく共存を意識することで、街の動線は、より複雑になるのだ。

合理化の落とし穴

街とともに変わり続ける店がある一方、コンビニやショッピングモール、ファストフード店は、土地の気風や住人の分布にかかわらず、どこにあっても同じ品ぞろえ、店構えであることが前提だ。『ハンバーガーの歴史』（アンドルー・F・スミス著／小巻靖子訳／P-Vine Books）という本に、ハンバーガーショップがいかにして世界中に広まったかについての詳しい記述がある。

「（初期マクドナルドのフランチャイズ加盟店は）モデル店と同じ建物を建て、同じ商品を同じ手順で調理することも求められた。こんなフランチャイズの例はそれまでなかった。（中略）画一性《コンシステンシィ》、予測可能性《プレディクタビリティ》、安全性《セイフティ》を確保できるこのやり方で、

マクドナルドは新たに生まれるファストフードチェーンより優位に立とうとした」

このように拡大を続ける過程で、マクドナルドは自動車メーカーであるフォード社のシステムを見習い、流れ作業を導入する。これによって作業は単純なものに細分化され、どの店舗で誰が働こうが同じ味が提供できるようになったのだ。

その経営スタイルに着目し、彼らの店を買い取ったのが、マルチミキサーのセールスマンだったレイ・クロック。彼は店舗や地域によってわずかでも味に違いが出ることを嫌い、厳格にフランチャイズ管理を徹底させた。マクドナルドが現在の姿まで発展した裏には、彼の神経症的とすら言える画一化へのこだわりがあったのだ。

そのレイ・クロックの自伝『成功はゴミ箱の中に』（レイ・クロック／ロバート・アンダーソン共著／野崎雅恵訳／プレジデント社）を「人生のバイブル」と絶賛する日本の経営者も多い。彼らはファストフードだけでなく、ファストファッションや携帯電話などを普及させることによって、生活における消費のあり方を大幅に変えつつある。

京都市も例外ではない。祇園や先斗町《ぽんとちょう》といった観光の中心地から歩いてわずか数分に位置する目抜き通り、四条河原町界隈の激変ぶりはすさまじい。ここ10年ですっかり姿を消してしまった小さな古書店や甘味処、カメラ店や映画館の代わりに、ファストフード店やドラッグストアが建ち並び、すっかり様変わりしてしまった。今や僕にとっては、足早に通り過ぎるだけの場所に変わり果てた。

そんななか、左京区というエリアでは、いまだに個人店がしぶとく生き残り、活況を保っているように見える。ＮＰＯ活動や行政の町づくり施策などに頼っているというようなことでもないし、チェーン店が少ないわけでもない。地元の人間が集まる、［屯風］のような小さな店の数々は、どのようにして生き延びているのだろう。

［ガケ書房］店内。イラストレーターによるペイントが棚やガラスに施されている

くろうとの金、しろうとの金

店を存続させるのは、言うまでもなく、客が支払う「代金」だ。花柳界の浮き沈みや風習を描いた、幸田文の『流れる』（新潮社）という小説に、お金に関する印象的な一文がある。

「しろうとの金はばかで、退屈で、死にかかっている金であるし、くろうとの金は切ればさっと血の出るいきいきした金、打てばぴんと響く利口な金だとおもう。

『流れる』は、1956年に成瀬巳喜男により映画化もされている

同じ金銭でも魅力の度が違う」

定まった価値を安い・高いで判断する「しろうと」の金に対して、「くろうと」の金とは自分自身がその価値を決めるもの。高かろうが見栄で買うこともあれば、人情でもうけを度外視することもままある。損得勘定に長けた「しろうと」の世界と文字通り一線を画した花街では、時に形のないものや、定められた定価以外のものに金を落とす「粋」という美学がある。

現代に置きかえてみれば、「しろう

と」の金とは味やサービスを数値化した、わかりやすい価値観を追求する「コストパフォーマンス」的な金銭感覚だ。街に出ずしてあらゆるものが取り寄せられ、ペットボトルの水を買っただけでお得なポイントが与えられる。そんな、最小限の支払いで最大の利益を求める買い物のあり方。点数や星の数で店を選ぶことが「賢い」とされる今、客側に「くろうと」の美意識がなければ、本屋であれ酒場であれ、あらゆる個人店はいずれ成り立たなくなるだろう。

この原稿を書いている最中に、左京区のとあるカフェで使えるコーヒーチケットの購入を友人に勧められた。地元のミュージシャンによるライブが頻繁に行われ、［屯風］と同じく交流の場として長く機能してきた店だ。そこの冷蔵庫が壊れたから、店主に代わってチケットをつくり、常連客や知人に購入の協力を募っているという。これもある種の「くろうとの金」なのかもしれない。誰へ届くのかわからないコーヒー代より、多少高くついても、顔の見える店の冷蔵庫修理代にあてられるお金のほうが、支払うにしてもずっと気持ちがいい。みんなで店を助けようという、ありがちな美談ではない。僕にとって、このチケットを買うことは、居心地のよい街を守るための投票に近い行為だった。

顔の見える店を好み、ミニマルな経済圏をつくる左京区の住人たち。営む側と客との距離が近いこの街だからこそ、客は店側の立場を想像することができるのではないだろうか。ここでの「くろうと」の金とは、義理人情や、ボランティア精神ではなく、半径数キロメートルの住み心地を守ろうという、とても原始的な投票活動だ。

訪れた客が、時に店を変え、時に店を守る「くろうと」になれる場所。そういう場所がこれからもあり続けてほしいからこそ、今日も僕は「屯風」や「ガケ書房」に通うのだ。

【屯風】
百万遍で10年目を迎えた人気居酒屋は、さらなる変化を求め、２０１３年いっぱいで一旦閉店予定。
京都市左京区田中門前町三二―二　百八ビル三F
〇七五―七〇三―八八五五

【ガケ書房】
２００４年、〝13日の金曜日の大安吉日〟にオープン。入口脇の「もぐらスペース」では随時テナント募集中。
京都市左京区北白川下別当町三三
〇七五―七二四―〇〇七一

20

Column 2

「カウンター」カルチャーをつくる人

建築家の安田勝美さんとは、［屯風］のカウンターで隣り合わせになり、店主のとんぺいさんに紹介されたのが最初だった。彼いわく、移転前の店舗設計を安田さんに依頼してからずっと、お店に通い続けてくれているという。［cafe & grill 猫町］［李青］［素夢子古茶屋《そむしこちゃや》］［トラットリア・ダ・ニーノ］［bar文久］［ビストロスリージェ］［Bar IL LAMPO］。僕が普段通っているカフェや酒場のなかにも、安田さんが手がけられたお店がいくつかあることを知り、普段あまり触れることのない店舗建築という仕事について話を伺ってみた。

安田さんは高校を卒業後、建築の仕事を志し、大阪の設計事務所で働きはじめる。しかしその仕事を通じて、クラフトマン的技術だけでは設計の仕事が成立しないと気付き、改めて大学で建築の基礎を学び直す。そして卒業と同時に東京の設計事務所に就職した。しかし東京の現場では、あまりに速いスピードで建築物が新陳代謝され、消費されていく。そんな状況に嫌気がさし、安田さんは再び関西に戻ることを決意し退職。知人の紹介で、京都の上里義輝さんを訪ねた。上里さんは、横浜の海上でダルマ船を改造してアトリエにしたり、京都の里山でテント生活を続けたりと、挑発的な活動を続けている建築家だった。

京都市内からバスで1時間ほどの山里にある小野郷という集落に、明治時代に建てられた、今では文化財となっている豪邸がある。その敷地内の土蔵が上里さんの仕事場だ。まるで茶室のような半畳の畳に正座し、T定規でスケッチを描く上里さんの姿を目にした瞬間、安田さんは彼に師事することを決意。その日から居座ったという。東京での仕事スタイルに疑問を感じた安田さんにとって、上里さんの姿勢に共感する部分が、少なからずあったのだろう。

安田さんと同じく、そんな上里さんを師と仰ぐ個性的な面子が続々と集まっていく。1979年、カナダ人建築家、宮大工、和紙職人などからなる異色の建築集団「聖拙社《せいせつ》」が生まれた。

芸術家肌の上里さんと、シビアな現実をつきつけてくる施主の間に立ち続けたのが「聖拙社」時代の安田さんだった。1億円の予算の依頼を受けて、上里さんは5億円規模のスケッチを施主に提出する。請求書もろくに書かなければ、集金もきちんとしない、入ったお金は呑んで遊んで全部使ってしまうという豪快なボスのもとで、安田さんは施主たちとのコミュニケーションを重ね続けた。20年近く聖拙社での修業時代を経て、1998年、「安田勝美建築研究所」を設立。独立を果たす。

安田さんは、業者からの仕事は基本的に受け付けない。あくまでも個人対個人という形で、住宅と個人店づくりに特化。京都市内を中心に手がけた店舗や住宅はいまや五十数件にのぼる。施主との対話を重んじ、会食や飲み会を重ねつつ、ときに揉めながら、イメージを具体化していく。互いの子ども同士が友だちだったことをきっかけに引き受けた仕事もあるという。先の「屯風」を手がけた際には、「表に出たくないからキッチンをクローズドにしたい」と言うとんぺいさんを、「人を雇えないんだから、自分が表に立って接客しながら調理するべき」と説き伏せオープンキッチンにした。今では、店主との会話を目ざして訪れる客が絶えない店となっている。

「恵文社一乗寺店」からほど近いアトリエに一度お邪魔したことがある。二棟繋がる連棟の一棟をアトリエに、もう一棟を住まいに改装したスペースは、まるで安田さんのつくる店のような雰囲気を持った空間だった。店づくりについて、安田さんはこう語る。

「時間をかけて店をつくったからには、簡単に潰されるのは嫌なんです。だから、その地域のなかで浮いた建築物をつくるようなことはしたくない。長くお店を続けてほしいという気持ちがあるから、つくって終わりじゃなくて、僕も客として店に通うのです。施主と価値観が合わないとわかれば、お金を返してでも仕事しないし、逆に予算が足りないときは自ら廃材を拾い集めてでも納得のいくものに仕上げたい」

その土地に縁もゆかりもない建築家による、作家性を前面に押し出したランドマーク的ビルが乱立する都心部。風景を均質化するコンビニエンスなチェーン店舗が建ち並ぶ郊外。街の景色が両極化しつつある今だからこそ、街や個人と向き合う安田さんの姿勢は貴重だ。

店を設計した本人が、最初の客となる。当たり前のような話だが、今やそんな関係性が貴重になってしまったからこそ、安田さんへのオファーは絶えないのだろう。店というハコだけではなく、店と地域との関係性をも設計する。安田さんがつくったお店のカウンターが客同士をつなげ、そこから京都のカルチャーが生まれている。

【安田勝美建築研究所】
京都市左京区高野泉町六―五八
〇七五―七〇八―七五〇七
http://www.yasuda-arch.com/index.html

未来は過去の中にある

「迷子」という名の不思議な店

つげ義春の短編作品に「石を売る」というものがある。生活に困窮した男が、河原で拾った石を、拾ったその場所で売り始めるというアナーキーな話だ。すぐそこらに転がっている石をわざわざ買う人間など、いるはずはない。妻や子どもにまで虫けら扱いされながらも、文字通り心を石にして、掘建て小屋で誰かが石を買いに来るのをただじっと待つ男の姿には、なにもできない人間の成れの果てというよりは、「なにもやりたくない」という頑なな意思表明の凄みを感じる。後ろ指をさされない、ラクな生きかたはほかにいくらでもありそうなのに、あえて苦難の道を……というところが、この話の深いところである。この男は、「無能な人」ではなく、あくまでも「無能の人」なのだ。単に不器用という説明ではすまされない、この主人公の姿を連想させるような不思議な人が、自分の身近な場所、銀閣寺近くの、[迷子]という喫茶店にいた。

哲学の道を脇にそれ、鹿ヶ谷通を南下すると、レンガ塀で囲まれた白い洋館が姿を現す。ヴォーリズ建築事務所によるその洋館の2階にある喫茶店［GOSPEL］は、京都や喫茶店ガイドなどで頻繁に紹介される有名店だ。地元の人間から観光客まで、その洋館を訪れる人は多いはずだが、同じ建物の半地下でひっそりと営業する［迷子］の存在を知る人は少ないのではないだろうか。その店名からも感じられるように、なにしろ安易に理解されることを拒む、ややこしい店なのだ。

銀閣寺近辺、鹿ヶ谷通でもひときわ目を惹く洋館

実際自分も、［迷子］がどういう店であるのか、最近になって店主に直接伺うまではよくわかっていなかった。正直言って、話をきいたあとでもよくわからない。店に入ってまず目につくのは、古書、アンティークの装飾具、帽子やこまごました古い置物。それらに囲まれた、一段低まったカウンターにたたずむ店主の山本耕平さんいわく、「コーヒーとアンティークの店」。ここまでは当たり前に聞こえるが、「どちらがメインですか？」と問えば、「どちらでも…」と返ってくる。素直にコーヒーとアンティーク購入を楽しめる店といえば、話は早いのだろうが、そう簡単には進まない。

〝試行錯誤しない〟店の歴史

山本さんが喫茶店［迷子］をオープンさせたのは、今から18年前。当時は、先述の喫茶店［GOSPEL］との競合を避けるべく、和風の甘味などを提供していたそうだ。しかし、「喫茶店がカフェへと変質しつつあった世相に先行きの懸念をおぼえたことに加え、家内の仕込みの負担軽減も鑑みて」コーヒー以外のサービスをすべてやめてしまう。

「私自身の喫茶店での注文が、場所借りの便宜上のものでもあったので…」

そんな理屈をつけ、コーヒーが苦手だという常連さんなんかには、ほかのドリンク提供を勧めず、自前で飲み物を持ち込んでもらう場合もあるとか。客が店のカウンターに腰かけ、なにげなく持ち込みの品を飲み食いしている妙な風景に、自分も何度か立ち会ったことがある。売り上げにならない客に長居されているのに、店主は特に気にする様子もない。

店のもう一つの売り物である、アンティーク商品の仕入れはどうか。

「知人の紹介で、個人宅へ買い取りに出向いたり…。あとは、近所のスーパーの軒先で催される即売会に出かけて、掘り出しものをさがすのが関の山ですね」

古本に関しては、各地の「古書組合」に加入すれば、市場に出まわることの少ない本も比較的入手しやすくなる。しかし、他店と競って入札するシステムや、まとまった仕入れ資金と在庫を確保せねばならない組合ルールの煩わしさのほうが勝ってしまうのか、そういう類の組織に参加するつもりもないという。本人は、「ローリスク・ローリターンが信条です」とうそぶく。

静寂に、時おり柱時計のチャイムが鳴り響く、時が止まったような店内。こまごまと並べられた本や雑貨類は空間にすっかりとけこみ、それが商品であるとは気づかない客も少なくはない。この店を、安直に「レトロな店」と呼ぶのは簡単だが、山本さんの場合は、懐古主義というより筋金入りの「現在嫌い」。ネガティブな響

薄暗い店内にひしめく「後ろ向き」な雑貨たち

きだが、その信念こそが、営業の原動力となっている。

「基本的に人（組織・集団）が嫌いで、商売も嫌い、巷で売られている新しい商品そのものも嫌いなんです」

人も商売も嫌いなのに、店をつくったのはなぜだろう。

「家業を継ぐのは主観的に嫌だし、客観的にみても自分には無理。といってサラリーマンになって会社に奉公するのも嫌という気持ちから、結果的に好き勝手できる自分の店を開業するほうに落ち着いてしまいました。森繁（久彌）が社長やってたり、植木等がヒラ社員やってたりした時代ならば、また違ったでしょうけど」

高度経済成長期にスクリーンを駆け抜けた、森繁久彌が社長を演じる「社長シリーズ」や、植木等率いるクレージーキャッツ出演の「クレージー映画」の公開が一段落した1970年代初頭。家庭には、テレビ、洗濯機、冷蔵庫の「三種の神器」が普及した。さらに大阪万博が開催され、エアコンや自動車が一般化しはじめたころを境に、消費のあり方は大きく変化した。

どうせ、まがいものじゃないか

「過去にすばらしい商品や作品が完成しているのに、なぜそれらのまがいものの再生産を、騙されたふりで消費し続けなければならないのか。貼りかえられたラベルだけを見て消費を続けるのならば、商品そのものの優劣はおざなりになってしまいかねないでしょう。誰かが勝手に決めた価値観にふりまわされたくないし、余計な付加価値で商売するくらいなら、じっとしていたほうがマシ。ヨーロッパなんか見てると、今年はこれ、来年はあれなんてせずに、ただあり続けてる店って多いじゃないですか。同じものを売り続ける店を受け入れる土壌が、向こうにはある。そん

昔ながらのものを売り続ける風景は京都の市場にも

な感じで僕も、京都弁でいう『そこそこ』『ぼちぼち』なペースで商売できないかなって。ブランドもなにも関係ない、古いものの素朴さに触れている限り、心が荒むことはないんです」

現在、流通する商品を「まがいもの」と断じる彼の「現在嫌い」は一筋縄ではいかない。山本さんは続ける。

「極端な話、車であればトヨタも日産も根本的には大きく違わないはず。なのに、妄信の体でそれらのよさや違いやらをアピールするなんて、できたもんじゃないですよ。自分は人一倍客観性が強いから、営業も自らの売りこみもむいてない。〝こんな店をつくりたい〟ではなくて、〝こんなことぐらいならできるかもしれない〟というのが今の店なんです」

なにもかもが流行になる

「肉屋のコロッケなんて、どこで食べても大した味の違いはないけど、変わらずにずっとあり続けている。そういう当たり前のものが大事にされる世の中が理想」と語る山本さんだが、豊かさとライフスタイルの多様化にともなって、消費者は質よりもブランドを、昔ながらのものではなく最新のものを好むようになった。

「飽食の時代」と呼ばれ久しい今、われわれは流行を身にまとうように飲食をたしなむ。「無農薬飼料で育てた国産牛のみを使用した」との情報が付加したハンバーグ、現れては消えてゆく「スン豆腐」だの「ブラック担々麺」だの、一過性の流行を追う専門店。『ファッションフード、あります。』（畑中三応子著／紀伊國屋書店）という本では、それらの情報過多食品を「ファッションフード」と定義し、その発祥は、やはり万博が開催された1970年頃ごろだと論じている。

「一九七〇年にはじまった国鉄の『ディスカバー・ジャパン』キャンペーンと歩調を合わせるように、国内の旅は『脱都会』。もっぱら古い町がロケ先に選ばれた。（中略）そんな場所で出会う泥臭くも珍しい郷土料理や菓子が、パリのクロワッサンやクレープと等価のファッションフードに浮上し、山奥の手打ち蕎麦や味噌田楽が感性に訴えかけてくるように語られた」

流行とは消費傾向の移り変わりだから、世代をまたいで受け継がれるものではない。しかし、同じことは幾度となく繰り返される。

30年後、バブル崩壊後の不景気下では、再び田舎暮らしや郷土料理の「再発見」や、素朴な宿坊・民宿が雑誌を中心としたメディアでもてはやされたのは記憶に新しい。しかし、文化というものは数十年程度でそう簡単に変化するものではない。

メディアが気まぐれに持ち上げたり忘れ去ったりを繰り返している間にだって、田舎暮らしも、手仕事も、郷土料理も、変わらずそこにあり続けたはずだ。

「ぼちぼち」が通用しない時代

１９９０年代初頭、自分が中学生だったころ。『週刊少年ジャンプ』を読んでいるか、それ以外の週刊漫画誌を読んでいるかで、クラスは大きく二分された。なにしろ当時「ジャンプ」は、毎号の発行部数が６００万部を超える人気雑誌だったのだ。バブル崩壊以前、全国に書店が2万７０００軒（経済産業省統計）もあった時代。大雑把に計算すると、１店舗あたり平均２００冊余りの「ジャンプ」が売れていたことになる。そんな時代だから、週刊誌の売り上げだけで「ぼちぼち」やっていける書店も存在しただろう。

それから20年以上を経た今、週刊誌がひと通りそろうコンビニも、大型書店をし

古書や置物、帽子など、ここだけ見ると、21世紀とは思えぬ光景

のぐ品揃えの［Amazon.co.jp］も、われわれのすぐそばにある。娯楽の選択肢は増加し、雑誌の刊行部数は下降する一方の昨今、どんな書店も「ぼちぼち」なんかではとてもやっていけない。

恵文社は、たった2割の粗利しかない書籍や雑誌だけでなく、利率の高い生活雑貨を扱い、イベントを開催し、どうにか今日まで生き残ってきた。いまや、まわりを見わたせば、軒先に『少年ジャンプ』を置いて、日がな一日本棚のホコリをはたいているような昔ながらの小さな本屋さんはすっかり姿を消してしまった。

喫茶店だって、アンティークショップだって、工夫しなければ生き残るのが厳しい世界。そんなご時世に、頑なな理想を語る山本さんの「へんこ」ぶりは際立つが、どうやら［迷子］は時代すら超越しようと試みているようだ。

犬の目で世界を見れば

「『徒然草』の世界観が好きなんです。世の中の流れから自分を除外して、遠目に眺めているような語りが特に好き。たしか、作家の山本夏彦も『犬の目線になって世界を眺めてみる』ということを書いてましたが、そういうふうに世の中を見つめると、たいていの物事には動じることもありません」

アナクロニズムここに極まれり、といった感じだが、700年という単位の過去と今がつながるマクロな視点が面白い。思えば京都には、「先の戦争」が「応仁の乱」をさすといった、バカげたクリシェがある。過去ととなりあわせに生きる京都では、競争を勝ち抜いて大きくなることよりも、変わらぬあり方で老舗の暖簾を守り、長くあり続けることこそが価値とする考え方が昔からある。時流を読み、企業

を興すのではなく、いかに時代が変わろうと、先代のままの姿勢で家業を守り続けるほうが美徳とされるのだ。

京都的、商売スタイル

鴨川と高野川の合流地点のすぐ側、出町桝形商店街に「出町ふたば」という小さな饅頭屋がある。明治32年の創業以来、三代にわたり、変わらぬ商品構成と店構えで、行列が絶えない人気店として知られる。京都の人間は見向きもしない「よそさんむけ」の商売も

商店街の日常的な風景となった［出町ふたば］の行列

多いこの土地で、観光客だけでなく地元の人間にも愛されているのが、名物の「豆餅」。売り切れれば早々に店じまいし、店や工場を拡大するでもなく、頑ななまでに「出町のふたば」であり続けている。威張らず、〝値打ちをこかない〟姿勢こそが、京都の人間にとっての名店たる所以だ。見わたせば、そういう姿勢を保った老舗が、京都にはまだ残っていることに気づく。

思えば、幼いころから両親と外食に出かけるときは、京料理でも湯豆腐でもなく、昔ながらの中華料理屋か焼き肉屋へよく連れていかれた。そして今、当時親に連れられた店に、自分の稼ぎで通うようになっている。地元の友人も、みな口をそろえて同じような体験を語る。新しもの好きといわれることもある京都人だが、やはり「ずっと変わらない安心感」こそを価値とする気質が、ここ京都には根付いているような気がしてならない。

たとえば、本屋や出版業界にとって、インターネットや電子書籍などのメディアがもたらす影響は決して小さくはない。しかし、これまで受け継がれてきた読書や出版という営みがわれわれの世代で劇的に変化するとは、やはり思えない。エジプト、ナイル川に始まり、5000年続いた書物の歴史が、数年後には根こそぎデジタル化されてしまうなど、それこそ「個人」の視野から見た流行に過ぎないのではないか。娯楽の選択肢は増え、本の占める割合が次第に小さくなるのはたしかだろうが、印刷された紙の本が世の中から姿を消すまでには、膨大な時間を要するはずだ。文化は流行のように、個人の性急な時間で消費されるものではないし、変化自体を拒む、山本さんのような人間も少なからず存在するのだ。

後ろをふり返ってみる

「僕にとっては『後ろ』が『前』なんです。ややこしい表現ですかね（笑）。どういうことかといえば言えば、どんどん消費のサイクルが早くなるばかりの現在、少し後戻りするしか、この先よくなることはないと思ってるんですよ。悪魔の機械（注：インターネットのこと）が生まれてから、ますます人や商売が均質化した。これははっきり言って、退化です。アンティークでさえも、いまや全国規模で相場が固定化しつつあるでしょう。売り手の美意識で値付けするからこそ、買う側にも掘り出しものを見つける楽しみがあった」

利便性やスピードを増すことで「成長」とする消費社会にとって、インターネットの普及は大いなる進化だと言えるだろう。しかし、それによって価格やサービスは数値化され、消費者は最安値やスピードを求めるようになる。「ぼちぼち」やってきた昔ながらの業態は、競争によって淘汰されつつある。このままでは、美意識やこだわりのような数値化できないものは、忘れ去られてしまう。

［迷子］は、世の中の流れに逆らう、バイアスのような店だ。時流を無視し、自分なりのスタイルでただ店を維持する姿は、「金銭価値がない石に値段をつけて売る」ような、大それた試みに重なって見える。

後ろ向きに生きることを心に決めた、山本さんと［迷子］。超然としたたたずまいに、本屋を営むものとして気づかされることも多い。本と雑貨を併売する複合店やブックカフェ、小出版専門店、ブック・コーディネイトという仕事。本屋を巡るあり方も時代と共に多様化し、恵文社ももちろんその流れの中にある。メディアの多様化、流行の移り変わりを横目に、必死で試行錯誤をし続けてきたが、このあたりで、改めてベーシックな本屋の魅力を考え直すべきなのかもしれない。

目先の売り上げや時流にとらわれそうになったときは、［迷子」のカウンターを訪れ、「後ろ」をちょっとふり返ってみよう。

【迷子】
1995年、山本耕平さんがコーヒーとアンティークの店としてオープン。コーヒー500円。
●京都市左京区浄土寺上南田町三六　GOSPEL 一階
○七五―七七一―四四三四

Column 3

貧乏人の京都

「寺と舞妓《まいこ》は京都の二大象徴である。寺のまえに舞妓をたたせると京都の絵になる。どちらもなにも生産しない」

50年以上も前に、民族学者の梅棹忠夫は『梅棹忠夫の京都案内』（角川書店）でこのように綴った。

この言葉が表すパブリックイメージとしての「寺と舞妓の京都」は、今なお健在だ。「どちらもなにも生産しない」というところがポイントで、外から見た京都は、生産性の低い都市なのだ。京都府下にいくつかある上場企業の多くは郊外に立地し、市内には田園風景も工場もほとんど見あたらない。繊維業が盛んだったのは一昔前のことで、表向き活発に見える観光産業に従事している人間もごく一部だ。

大学が集中し、人口比率における学生の割合が突出して高い京都市では、「観光客むけ」に並んで、「学生むけ」商売の割合が高い。学生に安アパートを紹介する不動産屋や、飲食店のような個人むけサービス業、つまり、会社員ではなく、商売人が多いのも京都という街の特徴だ。

特に左京区のように大学が集中するエリアでは、客の多くが学生だから、「カネを持たない客が多い」と言い換えても差し支えないだろう。学生たちは今も昔も貧乏で、貧乏人相手の商売人も、やはり貧乏なのだ。15年も学生街にある本屋で働いている自分自身、身にしみて理解している。そんな街のあり方は、学生たちの価値観に大きく左右される。

たとえば学生たちが飲み会を開くときに、「質はさておき」と低価格を追求した店を選ぶのか、味や雰囲気といった付加価値までをふくめて評価するのかで、街はずいぶん変わってしまうはずだ。

全国展開の居酒屋チェーンに行けば客の立場としては安くあがるだろう。しかし、それらの店の食材は海外から直輸入、ときには調理すらも他府県の工場で一括して行われている。そんな店に落とされるお金が、自分の住む街に還元される割合は少ない。「とにかく安い店」に人気が集まれば、デフレがおこり、大量仕入れ・大量生産のできない個人店は価格競争に敗れ、結果的に姿を消してしまう。

とにかく安ければよい、という考え方に歯止めをかけるのは、経済ではなく文化の力ではないだろうか。工場でつくられた均質な料理を味気ない店内で食べるよりは、多少高くついても店主のこだわりが感じられる店がいいと、店主に贔屓の酒の銘柄を教わったり、常連客に交じってさまざまな話を聞きたいという学生たちの意識こそが、左京区界隈の個人店を支えている。

学生のころから書店に勤めて15年余。数多くの学生に触れ、観察してきた。高下駄を履いてジャン・ジュネやフーコーの本を買いにくるような「いきった」学生は、このごろずいぶん少なくなったように思う。彼らだっておそらく、本の内容に傾倒していたというよりは、ある種の背伸びをしていただけなのだ。それがトンチンカンな方向だったとしても、その心意気には1票投じたい。

いまどきの学生にとって、背伸びのための知識や美意識より優先順位が高いのは、仲間同士で共感するためのツールであり消費だろう。毎月の携帯代、通信費などがかさみ、ほかに費やすお金が少なくなったのはたしかだろうが、昼食を我慢してまで本や中古レコードを買いあさる若者はいつの時代にもしぶとくいる。足を運んだお店やイベントの写真を撮って、仲間に「いいね！」と言われるよりも、足を運んだお店やイベントで、背伸びして先輩たちの話に加わり、「しょうがないね！」と、1杯おごってもらうことのほうがコミュニケーション能力に長けているのではないだろうか。

出町柳駅近くに「善書堂」という古書店がある。今も機能しているのかはわからないが、かつて同店は、古書店であると同時に、全国的にも珍しい「本の質屋」としても営業していた。金に困った学生たちが、全集本を質入れして幾ばくかの融資を受けるが、質入れされた本が流れることは滅多になかったという。やはり京都は、貧乏だが本を愛する学生たちの街なのだ。

タレントまがいの客員教授やビジネススクールのような実学志向の大学がもてはやされるなか、大学の近所ですら役にも立たない（ように見える）文化・芸術系の学問をいまだ志そうという学生には、なにかしらロマンを感じる。自分も似たような道を歩んできたからかもしれないが、彼らには「金持ちになるだけが成功ではない」「無駄だと思うだろ、でもやるんだよ！」という、やせ我慢のような矜持が透けて見えるのだ。およそ実学とはかけ離れた難解な哲学書を小脇に抱え、行きつけの酒場で難しい顔をしながら上等な酒を飲んでる学生の姿を見かける度、つい心の中で「腐っても京大生」とか、「芸大生らしくてよろしい」などと励ますように呟き、「いいね！」を連発してしまう。

橋本治はかつて「きみが若い男なら、きみは貧乏でもいい」と看破した（『貧乏は正しい！』小学館）。若いゆえに貧乏なのではなく、若いということが貧乏と同義なのだ。権力や資本を持たず、才能と努力で世の中と渡りあわんとする姿勢が、すなわち若いということ。

安い賃貸物件があって、背伸びする若者に1杯おごってくれる先輩や酒場があれば、貧乏人はなんとか生きていくことができる。貧乏が正しいなら、貧乏人が支える街もまた正しい。貧乏人を支えられる街も同じように正しいのだ。

本屋は街の先生だった

「本の中身」じゃない魅力

伝説的なロックバンド、ジャックスを解散したあと、川崎市で「早川書店」を開業した早川義夫。彼の著作『ぼくは本屋のおやじさん』(晶文社)のなかに、こんな一節があった。

「本よりも、本屋が好きな人は、本を、配達してくれなどとは言わない。しかし、本よりも、本の中味だけが好きな人は、牛乳のように配達してくれと言うであろう」

早川は「本よりも、本屋が好きな人」だったようだ。同書が刊行された当時は、まだインターネットすらない時代。巨大オンラインショップやダウンロードストアで本や音楽を買うことが当たり前となった今も、心に響くフレーズだ。「本屋が好きな人」と「本の中身だけが好きな人」は、なにが違うのか。その答えを探るべく、自分自身の本屋の原体験をふり返ってみよう。

まだ僕が高校生だったころ。父方の実家である三条商店街の蕎麦屋に顔を出し、祖父母から小遣いをもらうと（顔を出せば小遣いをもらえることはあらかじめわかっていた）、そのお金を握りしめて、「いつもの店」を目ざして寺町通を北へむかった。当時の自分は、マンガ雑誌『ガロ』や、『ガロ』を出版していた「青林堂」作

品のような、マイナーなマンガに夢中だったから、小さい店ながらもそれらの品ぞろえが充実していた「三月書房」に通うようになった。

陳列からの「学び」

老舗の骨董店や洋菓子屋などが軒を並べる寺町二条以北の商店街。そこにたたずむ店の入り口付近には、週刊誌や文芸誌が窮屈そうにひしめく。商店街の喧騒とはうって変わってしんと静まる店内に、緊張しながら足を踏み入れる。左右二つ

［三月書房］が立地する、落ち着いた雰囲気の寺町二乗界隈

の空間を本棚で仕切った10坪ほどの店内。奥の番台にはいつも、二代目店主の宍戸恭一さんがパイプをくわえて腰かけていた。右手前に個性派コミック類、右中央には岩波文庫が充実。突き当たりにはガラス戸の中に丁寧に陳列された歌集が並んでいる。店の左側の書棚には、アナーキズム関連の書籍や音楽などの専門書。「ペヨトル工房」のような怪しげな雰囲気を放つ小出版社のタイトルも目立っていた。棚からはみ出さんばかりに詰め込まれた本棚は一見雑然として見えたが、注意深く眺めると、それぞれの本は隣の本と関連を持って並べられ、ひとつの世

界観を作っているようだった。

猫の額ほど興味範囲が狭かった自分にとって、吉本隆明の著作も、現代短歌の歌集も、雑誌『ジャズ批評』も…おそらく［三月書房］の書棚に並べられた8割以上は全く目に入ってこない。しかし、自分が信頼を寄せていたコミック棚——ほかの書店ではなかなかお目にかかれない個性派作家の作品が堂々と棚の中心に並べられている——を見る限り、ほかの本も、店主の確固たる美意識によって選ばれた特別なものなのだろうと、わからないなりに感心したものだ。「この店に並ぶことを許された」というだけで、「なにかいい本」だと思わせる不思議な力に、自分の好奇心は大きく刺激された。

そのころの歳ではもう見向きもしなかった児童むけの月刊誌『たくさんのふしぎ』(福音館書店)を店で見かけたとき、不思議と惹かれるものがあり、思い切って買ってみた。盆栽小僧に扮した奇妙な男が東海道五十三次を練り歩く、「ぼくは盆栽」という特集。よくよく読めば、その男は当時『ガロ』にも頻繁に登場していたアーティスト、沼田元氣だった。少ない知識が「つながった」という感激は、今も忘れがたい。

装幀の美しさに惹かれ、手にとった『杉浦茂マンガ館』(筑摩書房)の解説文に、横尾忠則や湯村輝彦の名があることを「発見」したのは購入したずっと後のことだった。こんなふうに、[三月書房]で買った本同士が、どこまでもつながっていく。そんな驚きや喜びこそが、まさしく学習だった。「牛乳のように」本が配達されてしまっては、このような体験は望むべくもなかっただろう。

街の本屋の役割

僕にとっての[三月書房]は、未知の存在に出合うことができる、リアルな学びの場であり、先生だった。書店が学びの場だというのはレトリックではなく、歴史的な事実でもある。

江戸前期に活躍した京都出身の絵師、住吉具慶の『都《と》鄙《び》図《ず》巻《かん》』には、本屋の2階で読書や手習いにはげむ市民の様子が描かれている。また、『江戸の本屋さん 近世文化史の側面』（今田洋三著／日本放送出版協会）によると、元禄時代に京都で本屋業を営んだのは「この時代の学問の水準から見れば、知識人の部類に入る人であろう」。本屋は当時、出版社や取次も兼ねた存在で、「上級知識人の精神的生産としての書物を社会に供給し、町人の経済活動や庶民文化の新動向を上級者へと反映させていきうる」メディアの役割を担う立場であったという。

かつて「三月書房」も、店の2階を会場に、店主主催の「現代史研究会」なる勉強会を開いたりなど、街の人が文化的に交流できる場所として開放していた時期があるそうだ。最近、書店でのワークショップやトークイベントが再びさかんになりつつあるが、昔ながらの本屋のあり方に、意図せぬところで回帰しているようで興味深い。

本屋が語る「本の姿」

店舗数が減る一方だった関西の古書業界のなかで、2009年に［古書 善行堂］を新規出店した山本善行さんも、［三月書房］を師とし育った読書人の一人だ。

「昔からあの書店へはよく通わせてもらいました。本屋というよりも学者のようなたたずまいで、いつもなにがしかの本や雑誌をじっと読んでいる宍戸さんの姿を見ていると、早く家に帰って本が読みたいという気持ちになる」

「僕も最初はわからない本が多かったんです。棚の上のほうに並べられてた本って、

1冊1冊が選び抜かれ、どの棚をみわたしても無駄なタイトルは見当たらない

さほど変化がない。だけど、見え方が違ってくるんですよ。通うたびに自分のほうに知識がついていたりと、変化があるから。とにかくあそこへ行くと、いきいきした自分でいられるというかね。『sumus』という同人誌を立ち上げたときは、まず宍戸恭一さんにインタビューさせてもらいました。本は魂を持っている、という宍戸さんの言葉を、表情や声色も込みで間近で聴けた経験は、古本屋を営む自分にとって今でも財産だと思っています」

本は魂を持っている、という宍戸恭一さんの発言には続きがある。『sumus創刊号　特集三月書房』に記されたインタビュー記事を引用してみよう。

「基本的に本が好きということです。本ていうのは生活の糧であり、生き物ですからね、魂を持っている。一冊だけポツンとあったんではダメです。関連させて初めて生きてくる」

決して売れ行きのよくない本でも、並べかたによっては自らを、隣の本をも輝かせることができる。客は編集された本棚を追うことによって、興味や知識の幅を自然に広げられる。その可能性や価値を、宍戸恭一さんは［三月書房］という店で表現しているのだ。

マップラバーとマップヘイター

分子生物学を専攻する生物学者の福岡伸一も、［三月書房］のファンだと公言している。その著作『世界は分けてもわからない』（福岡伸一著／講談社）に面白い表現があった。人には二つのタイプが存在するという。

「地図が大好き。百貨店に行けばまず売り場案内板《フロアプラン》に直行する。自分の位置と目的の店の位置を定めないと行動が始まらない」

こういうタイプの人が「マップラバー」。マップラバーの視点で本屋を眺めてみると、自身の欲する情報に、うろうろせず最短距離でアクセスできるインデックス型レイアウトが好まれそうだ。探しものに再短時間でたどり着けるような合理性と、選択の幅を与えてくれる膨大な品ぞろえを優先するのであれば、本屋という店舗空間である必要すらないかもしれない。

逆に「マップヘイター」と呼ばれる人の特徴はこうだ。

「自分の行きたいところに行くのに地図や案内板など全くたよりにしない。むしろ地図など面倒くさいものは見ない。百貨店に入ると勘だけでやみくもに歩き出し、それでいいてちゃんと目的場所を見つけられる」

あらゆる細胞に変化できる万能細部の一種、ES細胞もマップヘイター的性質を

決して広くはない店内に長時間滞在する人多数。本屋の魅力と在庫量は比例せず

持つそうで、自身の存在目的や、組織の全体像を把握せずに、ほかの細胞との関係性によって自己を規定するため、皮膚から肝臓までなんにでも姿を変えることができるという。「マップヘイター」はES細胞のように、自身を変えてくれるような情報を求め、本の森の中に迷い込むことを望むだろう。かつての自分がそうだったように。

欲しいものへのたどり着き方

店という場で学んだという意味では、街のレコード屋での体験も強く印象に残っている。「三月書房」に通いはじめたのと同じころ、「CDより安く、ジャケットが大きくてカッコいい」というだけの理由で、中古レコード屋に頻繁に出入りするようになった。

はじめは、自分が聴きたい音楽のジャンルが「ソウル」なのか「ロック」なのか「シンガー・ソングライター」なのかさえわからず、〝とにかく100円のレコードをたくさん買う〟というアプローチをとった。家に帰って針を落としてみると、購入した10枚のうち、「割って捨てたくなるようなもの」が5枚、「興味はないが悪くない」が3枚、「これが聴きたかった」が2枚。これが当初の打率。純度高めの「マップヘイター」だった自分には、試聴のできる店までわざわざ足を運んだり、店員さんに頼み込んで聴かせてもらうという発想はなかった。

「当たり」のレコードの共通点を探してみると、自分の探している音楽はだいたいが1970年代なかば以前にリリースされたものだということがわかった。改めてレコード屋にむかい、レコードジャケットにつけられたプライスカードをよく見てみると、リリース年が書き添えられている。年代、ジャンル、楽器編成。情報を読み解けるようになるにつれ、少しずつ「はずれ」をつかむことが少なくなり、こちらの眼も洗練されてくる。

店に通ううち、少しずつ視界が広がっていった［三月書房］での体験とは対照的に、レコード屋での体験は、徐々に焦点が絞られ、視界がクリアになるようなものだった。帯文や試し読みで、買う前に内容がなんとなく把握できる本と、音という言葉では説明できないものを周辺情報から推測し、好みを探り当てるレコードとの違いだろうか。店主と客との距離も、本屋とレコード屋とでは少し雰囲気が違う。

最近では、街に出てレコード屋に足を運ぶことも少なくなったが、たまに三条木屋町の［WORKSHOP records］に顔を出して、店主の苗村聡さんと一言二言交わしながら、目的もなくレコードを吟味するのは至福の時間だ。同店は、幅広い時代のジャズやポップス、ロックはもちろん、ヒップホップや現代音楽までをカバーする、いわゆる総合店。足元には均一箱が置かれ、カウンターのまわりには店に出し切れていないレコードやＣＤが堆《うずたか》く積み上げられている。大型店に設置してあるような試聴用のターンテーブルはないが、気になるレコードがあれば気安く店内で流してくれる。繁華街の喧騒を避けるような路地裏の雑居ビルで、静かに営業を続けている。

店のために置かないもの

このご時世にオンラインショップも持たず、対面販売を基本とした、昔ながらの中古盤店のたたずまいで14年間営業を続ける［WORKSHOP records］。店主の苗村さんが重視するものは、ふつうの店とは逆かもしれない。

「この店を経営する上で僕が大事に思っているのは、なにを置くかよりも、なにを置かないか、なんです。たとえば、繁華街の路面店だったら、流行のJ-POPのCDなんかの買い取り依頼が多いだろうし、買い取りを断ると『ほな、捨てといて』って置いて帰るお客さんもおられるはず。『捨てるのもなぁ』ってことで、〝ご自由にお持ち帰り下さいコーナー〃とかつくると、きっと店の雰囲気もなにかしら変わってしまって、店を気に入って通って下さるお客さんが離れてしまう。なら、そんなコーナー作らへんかったらエエがな、って言われそうだけど、僕はなかなかモノを捨てられない性分だし、そういうものを絶対に店頭に置かないっていう強い心もない。J-POPは嫌いじゃないし。だから、あえて路地裏のビル4階という場所で店をやってるのかも」

不特定多数むけに間口を広げるよりも、あえて敷居を高くする。物量を売りにする大型店とは反対の店だからこそ、客も店の品ぞろえに信頼を置き、「マップヘイター」的冒険ができるのだ。それは結果的に店と客の距離を縮めることにもつながる。

足繁くレコードショップに通った経験のある人なら、ひとつやふたつは店主とのやりとりに思い出があるはずだ。自分の好みを知ってもらい、おすすめの作品を紹介してもらうだけでなく、試聴の際のマナーやレコードの扱い方を教わるなど、客と店を超えた付き合いがそこにはあった。その店に通い続けるのは、買い物のためだけでなく、膨大な知識や経験からなにかを学びたい、という店主への信頼感があったからだ。

「今はもうないけど、大阪のとあるソウル・ミュージック専門店では、レコードとんとん落として見てたら、後ろから店主に羽交い締めにされたっていう話もあるし(笑)。まぁ、それは極端だとしても、昔はそうやって、マナーみたいなものを店で教わった。僕も昔は、三条寺町近くにあった「ジャンク・ショップ」というレコード屋に通って、色々と教えてもらいました。レコードを熱心に買いに行くうちに、輸入盤の卸の人と知り合い、自然とレコードショップの仕事のノウハウが身に付いていったんです。この店をやる前に勤めていた中古盤屋で働けたのも、京都のレコード屋さんのフリーペーパーを手伝ったのがきっかけですしね」

［WORLSHOP records］入口前の壁はメディアの役割を果たしている

目先の売り上げだけでなく、お店がお客さんに知識や情報を与え、育てることによって、小さくとも確実な購買層が生まれる。お客さんだけでなく、レコード屋の後継者や、レコード文化の紹介者までもが店に通うことで育っていく。そうやって脈々と受け継がれてきたレコード屋には、客商売の根源的な姿がある。

売れるか売れないかではなく

［WORKSHOP records］と、［三月書房］の話に共通するのはただ「売れれば

情報がぎっしり詰まった［WORLSHOP records］店内

よい」という基準で商品を選んでいるわけではないという点だ。

「〇〇万曲ダウンロードし放題」や、「あらゆる分野の商品がそろいます」などのうたい文句が表す通り、音楽配信サービスや巨大オンラインショップは、可能な限り多くの品ぞろえを目ざす。販売側にセレクトをする余地がないため、「店の個性」は生まれにくく、店主の顔も見えない。

出版流通の世界では、ＰＯＳと呼ばれるデータをもとに問屋が各店におさめる本の内容を決定するのが一般的だ。そのシステムの下では、われわれ購買側は、一人の客や読者としてではなく、データとしてしか認識されない。膨大な選択肢や無駄のないシステムと引き換えに、自分の世界を広げるような、買い物以上の「体験」を失いつつあるのかもしれない。

再び早川義夫の著作に戻る。とある小さな書店に、大手出版社の営業担当が訪れた。大型書店の売り上げデータを見せながら、「こんなに売れている本をおたくは注文しないのはなぜだ?」とつめ寄ったところ、その書店の店長は泣き出してしまったという。実は小さな店にとって、売れている本も売れていない本も、販売冊数に大した差があるわけではないのだ。ましてや、全国的な売り上げから算出した最大公約数と、地方の小さな書店の売れ行きが完全に一致することなどあるはずがない。その店長は、置きたくもない本の注文をどうしても断ることができず、困惑してしまったのだ。早川はこう続ける。

「売れるか売れないかがわからない場合（本当は誰だってわからないのだが）、売りたいか売りたくないかを基準にすればいいのである」

すべてのお店は本来、店主やそこで働く人たちの人格に根ざしている。そんな当たり前のことを、人はときどき忘れてしまう。

人が場をつくる

恵文社で店長を務めるようになってずいぶん経った。今でも勉強のため、と「三月書房」へときどき足を運ぶ。番台に座るのは三代目の宍戸立夫さんだ。彼は、出版業界むけのユニークなメルマガ「三月書房　販売速報」を定期的に発信している。「最近売れてるような気がする本」「近ごろちょっとまずいことになった出版社など」「〈天に唾する〉京都の書店のうわさ」など、業界の内幕を淡々と綴る記事が並び、タイトルを見るだけでも、さぞやシニカルな人柄…と連想してしまうが、実際に店を訪れると、丁寧にお客さんに対応されている姿をよく見かける。

店内で宍戸立夫さんと一言二言会話を交わすようになった今では「あんた、これ読んだか」とか「あんたのためにこれとっといたったわ」などと、あれこれ気をきかせてくれる。昔は棚から学び、今では店主に直接教わるようになったのだ。まだまだこの店から学ぶべきことは尽きない。わからないことも多く、その場では「へー」とか「知らなかったです」などと答えるだけで精一杯だが、いつかきっと教えてもらったことがつながり出すときがくるだろう。


【三月書房】

1950年創業の新刊書店。「他店ではあまり見かけない本」多数。

京都市中京区寺町通二条上ル西側
○七五―二三一―一九二四

【古書善行堂】

「古本ソムリエ」山本善行さんの古書店。2009年に実店舗をオープン。

京都市左京区浄土寺西田町八二―二
○七五―七七一―○○六一

【WORKSHOP records】

1999年オープン。オール・ジャンルの良質な中古CD&レコードがそろう。買い取りもあり。

京都市中京区三条通木屋町上ル上大阪町五一八―二大久ビル四階
○七五―二五四―六一三一

三月書房

Column 4

退屈な街をぬりかえる「物語」

これまでに二度、店内でレモンを見つけたことがある。一度目は新刊台の上に、二度目は日本文学の棚の、ご丁寧にも梶井基次郎の本のすぐ側に置いてあった。言うまでもなく、レモンを爆弾に見立て、京都三条の書店に置き去りにする主人公を描いた、梶井基次郎の短篇小説『檸檬』の模倣、もしくはオマージュだ。やられた本屋の立場としては、腹を立てたり、名作の舞台に重ね合わされほくそ笑んだり…などという気持ちは特にわかない。レモンを片付けながら思ったことは、「気恥ずかしい」が7割、「話のタネにしよう」が2割。残りの1割は「レモンはどこで買ってきたのだろうか」。置いてあったレモンは口にするには気味が悪くて、2回とも見つけてしばらくしてから処分してしまった。

思い返してみれば、恵文社にレモンが置かれたのはいずれも2005年以降。小説の舞台となった「丸善 京都店」が河原町通から姿を消したあとのことだった。ありしころ、当の「丸善 京都店」にはどれほどのレモンが置かれたのだろうか。レモンを片付ける行為が日常となった店員さんたちにとって、もはや気恥ずかしさすらなく、苦笑するのみだったことは想像に難くない。

レモンが象徴するものはなにか、などという作品論以前に、この小説は大正末期の寺町通界隈を描写した優れたスケッチとして読むこともできる。主人公はおそらく、錦市場近辺の乾物屋や駄菓子屋を冷やかし、寺町通を北上して「八百卯《やおう》」でレモンを買う。そのレモンの色彩や重みを楽しみながら、当時は三条麩屋町にあった「丸善」へと足をむける。思索に耽りながらさまよっても結局「丸善」にたどり着いてしまうほど、主人公にとっては行きつけの店だったのだろう。

彼は画集や香水瓶、石けんなどの雑貨を物色することを楽しみとしていたが、憂鬱に取り憑かれたこの日はレモンを爆弾に見立て、画集の上に置き去りにしてしまう。当時の「丸善」は高級文具や服飾品などを幅広く扱い、今以上によろずやとしての側面が強かった。気分がよいときには買い物を楽しんだが、神経衰弱と金欠にさいなまれた状態では、店内の雑貨も画集も、気詰まりなものの象徴としてしか映らない。爆破される「丸善」を妄想して気分を軽くした後、京極に建ち並ぶ活動写真の派手な立て看板を眺めつつ、帰路につく。

商店街を冷やかしたり、「丸善」で本や雑貨を買い込んだり。おそらく、一時的な鬱状態に陥る前の彼にとっては、理想的な散歩コースだったに違いない。残念ながら、小説で描かれた風景は追体験することができない。「丸善」について2009年に「八百卯」が閉店、前後して京極通の映画館も次々と姿を消してしまった。

『檸檬』から半世紀後の昭和50年代。同じ寺町通周辺の散歩について、池波正太郎は『散歩のとき何か食べたくなって』（新潮社）で次のように描写している。要約するとこうだ。

まずは、堺町三条の［イノダ］のコーヒーで朝をはじめる。寺町通の古書店をのぞき、［村上開新堂菓舗］で紀州蜜柑の中味をくり抜いてゼリーにした菓子、「好事福盧」を買い、一度ホテルへもどる。持ち帰った菓子を部屋の窓の外へ置いておき、［サンボア］で一杯飲んでから食事に出かけ、帰ってから外気で冷えた「好事《こうず》福盧《ふくろ》」を楽しむ…。

池波が描く寺町通界隈が魅力的なのは、朝から歩き疲れてホテルに帰った安堵感や、外気でゼリーが冷えるまでの時間が描かれているからだろう。

それからさらに40年後。僕の歩く寺町通はこんな感じ。［三月書房］をのぞき、［100000t《じゅうまんとん》］でレコードや古本を物色しながら立ち話。隣のビルの［ホットライン］へとレコード店をハシゴし、店での収穫物を抱えて［六曜社］で一服する。気がむけば、三条商店街で叔父が営む蕎麦屋［田毎《たごと》］で蕎麦でも食べて帰ろう。寺町の老舗古書店はなじみがないし、名物バー［京都サンボア］はまだ敷居が高くて入れない。裏寺町にある大衆居酒屋［たつみ］のカウンターで立ち呑みして帰るのが今の僕の精一杯…。

こんなふうに歩く人やそのときの気分、時代によって、同じ通りを歩いていても街はその姿を変える。

寺町で名物菓子「好事福盧」を買った、ついに［京都サンボア］へ行った、池波正太郎と同じ順番で同じ店を訪れた…。ブログやSNS上では、日々街の話題に事欠かない。しかし、僕にとって興味をそそるのは、買い物や観光の結果報告ではない。それぞれが歩いた、表情の違う街の姿を眺めてみたいのだ。だからこそ恵文社に「レモンが置いてあった」という事実にもさほど関心が持てないのかもしれない。僕が知りたいのは、彼ら爆弾魔たちが、どんな店でレモンを買って、どのように街を歩いて「恵文社一乗寺店」までたどり着いたのか。そして、どんな気分で帰路についたのかという「物語」だ。彼らが歩いた一乗寺の街は、僕の知る近所の風景とは全く違うものだから。

2015年、河原町通に「丸善 京都店」が再オープンするという。再び現れるであろう爆弾魔たちは、どこでレモンを買い、どんなふうに界隈を歩くのだろうか。

「路地」という抜け道で

左京区の出入り口、出町柳

鴨川と高野川が合流し、Yの字を描く、通称「三角デルタ地帯」。平安時代の条坊制にはじまった、京都市中心部の整然とした碁盤の目がくずれる例外的なエリアだ。

京都市内の町家で共同生活をする学生たちを描いた映画『きょうのできごと a day on the planet』（行定勲監督／コムストック）に、このデルタ地帯で自転車に乗った登場人物が車にはねられるシーンが描かれる。地元の人間ならば「あるある」と思わず膝を打つ、的を射た演出。Yの字に押しのけられるようにしてあちこちに「ゆがみ」が生じる出町柳エリアには、京都人の勘をも狂わす不思議な磁場がただよう。左京区の中心を山間部にむかう叡山電車と、大阪への足、京阪電車が連絡する、交通の要でもあるこの土地に、新たなカオスが生まれつつある。

叡山電車の出町柳駅改札を出たむかい側には、1950年代なかばから続く、京大生御用達の「柳月堂」というパン屋。その2階には、同じオーナーが経営する同名の名曲喫茶。みながスピーカーにむかって座り、私語は厳禁、コーヒー1杯1000円というストイックな空間だ。「柳月堂」左脇の細い路地を突き進むと、右手には、多目的スペースやシェアオフィスを併設するカフェ「かぜのね」。大学講師、料理人、映像作家の3人が中心となって、アパート1棟を丸ごと改装し、サロンの

ような機能も果たしている。このあたりは、新しい試みと昔ながらの商売が共存する左京区らしい界隈だ。

京都の街路は、車も電車も普及するはるか以前につくられ、現在に至るまで守られており、今もなお市内中心部には商業施設と住宅が共存している。つまり住人や施設にあわせて街の動線が変化したのでなく、御所を中心とした碁盤の目にあわせて街がつくられている。牛車や徒歩が主な移動手段だったころにできた街だから規模が小さく、その結果として、京都独特の「縮小の

鴨川「三角デルタ」界隈の景色こそ京都らしいと思う京都人は少なくない

美学」ができあがったのかもしれない。

そんなコンパクトな街だから、駐車スペースに困る車よりも、小回りの利く自転車が欠かせない。だが、世の常としてお役所は住民の暮らしぶりを理解せず、空き地ができるとすぐ駐車場をこしらえる。約10年前、駐輪場の少ない京都の駅前はどこも不法駐輪であふれ、自転車撤去と放置のいたちごっこが続いていた。その最たるスポットが出町柳駅前だった。

街の景色を変える商売

そんな折、柴山留佑さん、通称「留さん」は、自転車を会員間で共有する「サイクルシェア」サービスを開始し、かねて問題となっていた界隈の不法駐輪を激減させた。「エコ」と公共利益の両方を満たす新しいビジネスモデルとして、彼の活動は地元の新聞や雑誌などのメディアに頻繁に取り上げられる。新聞では簡単に「美談」のようにまとめられてしまう留さんの商売だが、

出町柳駅すぐの場所にある、派手な外観の［レンタサイクルえむじか］

本人に聞いてみると、それほど単純な話ではないようだ。

「10年ほど前、色々あって大阪から京都に戻ってきて、出町柳駅前のアパートに住んでたころ、小さなレンタル自転車屋さんがあったんです。なーんにもやってなかったから寝間着で、駅前のその店へ歩いて行って〝ここで働かせてください〟って。働いているうちに独立して現在の「えむじか」を経営することになりました。「サイクルシェア」というシステム自体は以前から存在していたものなんです。だから僕が発明したものではないんですけど、まだまだ一般的な認知度は低かった。でも、不法駐輪があふれるこの地域だったら絶対に普及すると思って一生懸命宣伝しましたね」

僕も一時期サイクルシェア会員の一人としてお世話になったことがある。当時は大阪に住んでいたので、淀屋橋駅から出町柳駅まで京阪電車に乗り、駅前の「えむじか」で自転車を受け取って、10分ほど走った先にある恵文社へとむかう。仕事帰りはまた出町柳まで自転車に乗って返却し、そのまま電車で帰路につく。自宅と職場の間に、一言二言挨拶を交わせる中継点がある生活は、なかなか悪くなかった。

当初は、レンタサイクルの月極会員は30人に制限していたが、「とにかく断らない」がモットーの留さんが「えむじか」を立ち上げてからはリミットを廃し、会員が増えるごとに中古自転車を買い足して、4年で会員が400人にまでふくれあがった。賃上げを嫌い、もうけ度外視の会員料を保つため、自身の給料を返上してまで営業を続け、栄養失調になったこともあると言う。不法駐輪の減少という物理的な風景の変化は勿論、留さんをはじめとする「えむじか」スタッフたちが愛嬌を振りまく様は、左京区の玄関口、出町柳周辺の空気をも一変させた。

「えむじか」のスローガンは「CYCLE & MUSIC」。自転車と音楽への思い入れは強く、「CYCLE & MUSIC」ロゴ入りTシャツや、同名コンピレーションCDまで制作した（全曲録りおろし）。同店の忘年会ポスターなど、客には全く関係のない身内イベントポスターをことあるごとにつくり、店先に貼り出す。なにをやっても丁度いいところでは収まらずに、気持ちや行動があふれ出してしまう、「無意識過剰」なキャラとして愛されるのが留さんなのだ。

DIYと路地の文化

そんな彼が、最近出町柳の路地裏に、自転車修理・販売店（いわく「リサイクルサイクルショップ」）「フギーちゃん」を新たにオープンさせた。場所は「かぜのね」のすぐ南隣。

自転車店のはずが、いつの間にか入り口脇に喫茶カウンターが現れ、中古レコードと古本のセルフサービス店（野菜の無人販売を思わせる）もできた。さらに太鼓工房、写真家の暗室、ビニールシートで区切られた謎の音楽制作プロダクションなどがあれよという間に入居。いつもハミ出しがちな留さんの自転車店は、1年たらずで戦後のバラックを思わせる奇怪なスペースへと変貌した。特盛のトッピングが施された結果、その場所は「ナミイタアレ」と呼ばれるようになる。

[ナミイタアレ] 外観には、自動車修理工場の面影がのこる

「いわゆるトタン屋根に使用される〝波板（なみいた）〟と、路地や小路を表す〝alley〟を組み合わせた造語が［ナミイタアレ］なんです」

留さんのネーミング・センスはかなり独特だ。「路地」という単語を織り込んだ施設名は、投げやりなようでいて、実はこの場所のスタンスを的確に表しているのかもしれない。出入り口から看板、喫茶スペースのカウンターまでを自分たちの手で作り替えたＤＩＹ精神は、チープ建材、波板のイメージと重なる。

「alley」は、京都伝統の空間として古くから親しまれてきた。大路と小路が東西南北に交差してできあがった区画内には、さらに細かな路地《ろーじ》が毛細血管のようにはり巡らされる。車が通らない路地は子どもたちの遊び場にもなり、地蔵盆会場のような寄り合い所にもなる。狭い路地は車がすれ違いづらく、駐停車もできないことが多いため、大通りに面する土地よりも格段に地価が安く、サブカルチャーの温床である「秘密基地」が生まれやすい。

大正のはじめごろ、失われつつあった江戸の面影を求め、東京の町を散策することを日課とした永井荷風。新たに開発された表通りを嫌い、地図にも載らぬような小径を愛した彼は、その随筆集『日和下駄』（講談社）で、路地をこのように定義した。

「路地は即ちあくまで平民の間にのみ存在し了解されているのである。犬や猫が垣の破れや塀の隙間を見出して自然とその種属ばかりに限られた通路を作ると同じように、表通りに門戸《もんこ》を張ることの出来ぬ平民は大道と大道との間に自《おのずか》ら彼らの棲息に適当した路地を作ったのだ。路地は公然市政によって経営されたものではない。都市の面目《めんぼく》体裁品格とは全然関係なき別天地である」

出町柳駅から［ナミイタアレ］へ向かう細い路地

別天地のある生活

「ナミイタアレ」内の喫茶スペース「つきなみ」のカウンターは5人座れば満席。コーヒーは300円で、カレーなどの軽食はどれも500円以下。どれも安いが、家賃が格安なのでマスター一人で切り盛りするうちはなんとかやっていけるそうだ。「つきなみ」ができてからは、大阪や京都市街へ出かける際に、出町柳で改札を出て一服することが増えた。カウンター内につり下げられるコーヒーチケットには、界隈の店主たちや、恵文社とも関わりの深い取引先などの知った名前が並ぶ。思わず「その種属ばかりに限られた通路」という荷風の言葉が頭をよぎる。

留さんの「別天地」づくりはこれだけでは収まらない。「ナミイタアレ」に続き、その裏側にあった掘建て小屋も借りて、レンタルスペース「出町柳文化センター」

路地と隣接、自転車修理作業の傍らで一服できる［喫茶つきなみ］。

（通称ＤＢＣ）をつくった。大仰な名前だが、のぞいてみると「センター長」の留さんが卓球台の網を張ったり、レゲエをＢＧＭに赤ん坊をあやしたりしているだけだったりする。あきらかに世間とは異質な空気感に「ここはジャマイカか」と心中半笑いしつつ、設置された貯金箱に小銭を入れ（自己申告制）、冷蔵庫の缶ビールを取り出す。ホワイトボードに殴り書きされたスケジュールを横目で見ると、「カポエイラ教室」「ウクレレ教室」「フィンランド人留学生イーナちゃん　アイドル歌謡イベント」「某大学准教授主催　野口ゴローナイト」。硬軟織

［ナミイタアレ］の珍奇な外観脇を地元住民たちがなにくわぬ顔で通り抜ける

り交ぜたというよりも緩みっぱなし。ちなみに利用料は１時間５００円。

「地元の青少年たちが、卓球しにきたりするうちに初恋を経験するような、そんなスペースになってほしいね」

奇しくもＤＢＣがオープンしたのは、同じ左京区エリアの若者たちのたまり場だった北白川の複合娯楽施設が閉館した直後。バッティングセンターにビリヤード、卓球台、コインゲームに喫茶スペース。売店も完備された施設は、大手スーパーマーケットチェーン店に姿を変えてしまった。思えば「地元の青少年たちが恋に落ちる」場所がずいぶん姿を消した。買い物する場所、カラオケする場所、ゲームする場所、プリクラを撮る場所。細分化された目的に応じる専門的スポットは次々とオープンするが、カラオケにもプリクラにも興味がない若者はいったいどこへいけばいいのだろう。河原で缶ビールなんて光景も時々見かけるけれど、各々のスペースを譲り合いつつ、縄張りに腰かける様子はどこか孤独だ。市町村が運営する、ルールと制限だらけの「多目的」スペースはあちこちにあるが、ＤＢＣのような「無目的」スペースはそうそうない。

「ナミイタアレ」やＤＢＣのようないかにも怪しげなスポットに青少年がふらりとやってくることは少ないかもしれないが、大卒フリーターの、モラトリアムな若者たちにはなんらかの人脈をつくる場として機能する可能性くらいはあるだろう。事実、支配人である留さんは、「えむじか」のスタッフのほとんどを、店のまわりに集まる若者や、知人の紹介などの縁故採用で集めていると言う。本業であるレンタサイクルでは経営者として手腕をふるう一方、ＤＢＣや「ナミイタアレ」ではプロデューサーとして、確信犯的に街の隙間をつくっている、ととるのは深読みだろうか。

混沌・無目的という「抜け道」

「抜け道の数が多ければ多いほどその社会は良い社会であると僕は思っている」
（村上春樹／安西水丸共著『村上朝日堂』新潮社）

いまや世界的作家である村上春樹は、大学卒業後、就職もせず学生結婚した妻の実家に居候し、わずかな貯金を元にジャズ喫茶を開業した。現在の東京の地価では、就職経験のない若者が店を開くことは容易でないだろう。金もないし就職もしたくない。そんな人間が、政府や税金の世話になることなく、生きていける抜け道が今、塞がれつつあるのかもしれない。

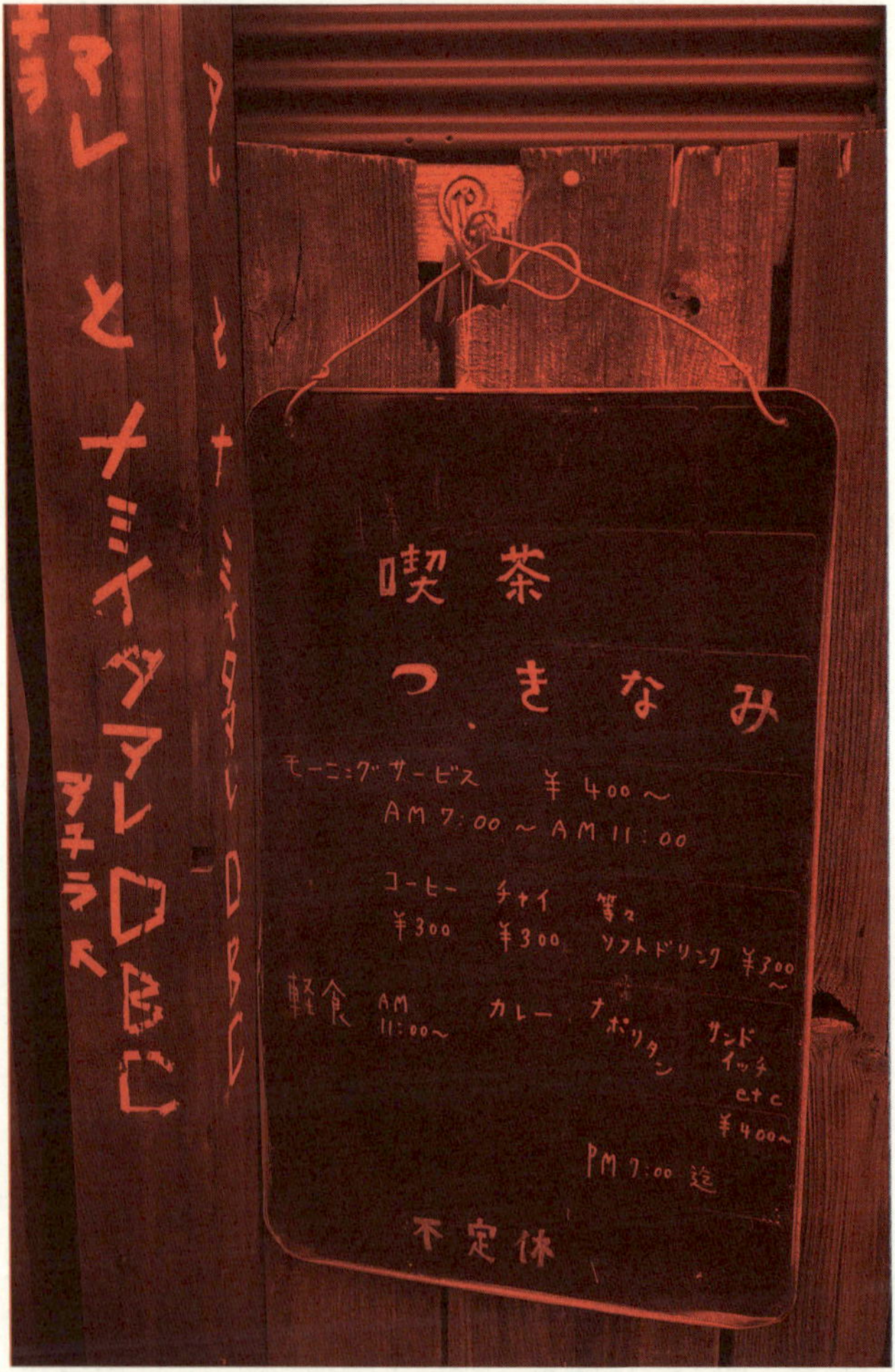

「コーヒー¥300、カレー、ナポリタン、サンドイッチetc￥400～」

そんななか、DBCや「ナミイタアレ」に足を踏み入れると、こんな生き方やお店のあり方もあっていいんだ、という気分になる。憧れるわけでも、尊敬するわけでもない。「バカだな〜」と苦笑いしながらも、なんだか肩の力が抜けてくる。人は混沌を目の前にすると、社会通念から束の間解放される。ただ繁盛し、有名になることだけが店の存在意義ではない。場を開放し、そこに集まる客になんらかの道を指し示すことだって、店が提供できるものの一つだ。

以前、とある雑誌の取材で「ゼロ円でたのしめるスポット」として取材の依頼があった。本屋は待ち合わせや立ち読みなど、お金を使わずに利用することができるから、と。少々複雑な気分だったが、よくよく考えれば、自分だって用もないのに本屋を冷やかし、なにも買わずに帰ることもしょっちゅうある。フリーペーパーやチラシなどで周辺情報が集まり、ギャラリーの展示だって無料で観ることができるのだから、恵文社はゼロ円で楽しめるスポットでもあるのだろう。

利益率の低さが街の本屋を次々と閉店に追い込んでいる現状を考えれば、これからは本屋も、路地裏型の「無目的スペース」化することが一つの活路となるかもしれない。トークイベントやワークショップ、読書会など、なんらかの催しが常に行われていて、そこへいけば人や情報が集まる。実際ここ数年のうちに、出町柳付近の雑居ビルにはＺＩＮＥ専門店［NOT PILLAR BOOKS］が、京阪三条駅ちかくの路地奥にはアート系古書専門店［books and things］がオープンした。取次と契約して書店を開業するには、個人規模では到底用意できないほどの資本金が必要だ。ならばいっそ問屋を介さずに、古書や自費出版物の専門店を個人規模ではじめるのも「抜け道」の一つだろう。

そもそも本屋は開かれた空間だ。場所をもっと開放すれば、さまざまな種類の人が交わる混沌とした空間がおのずと生まれるだろう。目的が買い物ですらない「地元の青少年が初恋を経験する」別天地のような本屋があってもいいのかもしれない。

【レンタサイクルえむじか】

出町柳駅前で営業。自転車1日レンタル500円〜。

京都市左京区田中上柳町二四　リヴィエール鴨東一階
○七五―二〇〇―八二一九

【ナミイタアレ／出町柳文化センター（DBC）】

現在「喫茶つきなみ」「リサイクルサイクルフギーちゃん」「100000tレコードナミイターレ」「才能プロダクション」「太鼓工房カメノス!・」「JOYFULレコード」「DARKROOM」「分室puzzle」が入居。

京都市左京区田中下柳町七
○五〇―五八〇九―五三三五

Column 5

街歩きが本屋の仕事

作家の山本夏彦は「本屋」と題されたエッセイで「本屋は、素人《しろうと》にできる商売である」と書いた。そのエッセイの続きはこうだ。

「保証金さえつめば、問屋は本と雑誌を貸してくれる。それを並べ、朝夕はたきをかけ、ほこりでもはらっていれば、客は勝手に来て、勝手に買って帰ってくれる」(『日常茶飯事』新潮社)

それぞれの店舗にあった銘柄の本を送りつけてくれるから、毎日大量に出る新刊本の内容などおぼえたところで骨折り損。売れない本は問屋に返せば代わりのものを送ってくれるし、本の宣伝は出版社がやるものと相場が決まっている——。そう語る山本夏彦は長年雑誌『室内』の編集・発行にたずさわり、著者としても数多くの本を出版している人物。あながち門外漢の的外れな意見とは言い切れない。書店の閉店が相次ぐのは、素人でも成りたつ構造でなくなりつつあることを意味するのだろう。店頭で立ち読みするのび太をハタキではたいて邪魔をするような、のんびりとした本屋の姿は、いまや一昔前のものになってしまった。

「取次」と呼ばれる問屋が送ってくれる銘柄の本を売るだけでは、店の個性は出せない。問屋が扱わない小出版物や雑貨類を扱えば、支払いや在庫管理に追われる。新聞広告に掲載されるタイトルなんてごくわずかだから、本の宣伝は出版社まかせというわけにもいかない。今の本屋はとても忙しい。ほこりはたき以外の数ある仕事のなかで、特に重要なのが情報収集だ。

たいていの出版社はウェブサイトで新刊情報を公開しているし、取次のデータベースにアクセスすれば毎日発売される新刊が一覧できる。しかし不思議なことに、取次や出版社から届く大量の新刊情報にすべて目を通したつもりでも、よその本屋さんをのぞけば必ず、見逃していた本、知らなかった本が目に飛び込んでくる。売り上げや刷り部数、出版社や著者名だけではなく、ブックデザインや内容も参考にしながら、一冊一冊本を選ぶには、実際手に取ってみるしかない。出版社の傾向をどれだけ把握したつもりでも、見逃していた意外なところから意外なタイトルが刊行されるのが、出版業界の一筋縄ではいかないところ。だからこそ、大型書店に足を運び、目的もなく店内をひとまわりすることは、僕の日常的な仕事なのだ。

京都市内の某大型書店には足繁く通い、本をチェックさせてもらっている。店内でメモをとるのはマナー違反だから、ぐるっと1周歩き回ってめぼしいタイトルを記憶し、帰りに入った喫茶店などでメモにまとめる。それだけで帰るのは申し訳ないので、できるだけなにか購入するように心がけているが、どこか後ろめたさはつきまとう。ある日、とある出版社さん主催の集まりで、いつも足を運んでいる大型書店に勤務されている書店員さんと同席する機会があった。本に関する四方山《よもやま》話をしつつ酒の勢いを借り、「実はいつもお世話になっているんです」と、本をチェックしに通っている件をうちあけたところ、僕が店内でウロウロ本を眺めているのは、店長さんをはじめ皆さんご存じだったという。

「今日も恵文社のあいつ来てたぞ、物欲しげな顔しやがって」

そんな会話が店内で交わされていたのかと想像すると赤面ものだが、寛容に受け入れていただいていたことを知り、ほっと胸をなでおろした。雑誌の本屋特集や、本屋ガイド本では、個性的な商品構成の店ばかりがとりあげられがちだが、大型書店が存在しないことには、小さな街の本屋もなりたたない。

大型書店以外にも、ヒントを探しに休みの日には、だいたい街をうろうろしている。カバンに読みかけの本や雑誌を数冊放り込み、京阪電車の出町柳駅から大阪へむかう特急に乗る。始発駅だから、通勤時間を避ければほぼ二人がけの座席にゆったり座ることができ、大阪に着くまでの1時間弱の間、ゆっくり本や雑誌が読める。オレンジ色の特急、「8000系」の車両が、僕にとって最も集中できる読書空間だ。本を読まなければ「本の宣伝」はできないから、これも仕事のうち。午前中に目的地に着けば、映画を観にいったり、古本屋をのぞいたりして、それらの収穫を抱えて喫茶店で一服する。

映画を観たあとに本屋へ入ると、いつもとは違う棚が目に入る。たとえば小津安二郎の映画を観たあとには、骨董や昭和の暮らしぶりについての棚。ウディ・アレンの映画を見た帰りには、ユダヤ人に関する本に手が伸びる。古本屋に行けば、新刊書店では見かけない作家や、今では忘れられてしまったようなテーマの本がみつかる。

大阪から京都に戻り、なじみの店に顔を出して、今日観た映画や読んだ本の話をする。話をすれば、情報として得た知識に「文脈」が生まれる。そこでも、これまで関心のなかった本を手に取るきっかけが生まれる。会話から、デスクで頭をひねっていては出てこないキーワードに出合うことも多い。インターネット上にあらゆる情報が詰まっていたとしても、それを検索する語彙がなければパソコンもただのハコ。ウェブ検索が「知る」ことの最短距離として定着したここ10年ほどで、関心のないものごとに触れる機会がずいぶん貴重になった。自分のなかの「検索ワード」を増やさなければ、生きた棚はつくれないのだ。

街を歩き回り、本屋や映画館をのぞき、人と話すことが仕事の一部になる。「ノマド」なんて上等なものではないけれど、生活の一部である街歩きが役に立つのだから、本屋という仕事も悪くない。

生きるために必要な喫茶店

ライフハックでは拾えないもの

いつからか「ライフハック」という言葉をあちこちで目にするようになった。そもそもは情報処理における専門用語だったものが、広く仕事や生活全般の効率化をさす言葉として使われはじめたようだ。インターネット上のインタビュー記事で、誰かが雑誌の読み方を紹介していた。雑多な記事の寄せ集めである雑誌の誌面で、自分にとって必要な内容はごく一部だけだから、購入してすぐに読まない部分は破り捨ててしまう。残った記事だけを保管して内容ごとに分類し、時間のあるときにまとめて読むそうだ。

携帯電話とパソコンが爆発的に普及して以来、われわれは一生を費やしても処理しきれない程の情報を取捨選択しながら生きている。時間がないから、できるだけ無駄を省きたい。その手段が「ライフハック」だというわけだ。

先の雑誌記事を読んで、らっきょうの皮むきを連想した。あくまでもたとえ話だが、サルにらっきょうをあたえると、中身が出てくると思って皮をむき続けるという。当然、最後にはなにも残らない。皮こそがらっきょうであり、中に「実」が潜んでいるというのは思い込みに過ぎない。雑誌も同様、不必要な記事を破いてしまえば、それはもう雑誌ではない。雑多な記事が束ねられているからこそ、雑誌は面白い。

このように合理性を追求すれば、効率的でないものはどんどん排除されていくだろう。たとえば学校の授業だってそうだ。受験に、就職に、直接的に役立たない科目など学ぶ必要がないという実学志向を標榜する学校も増えてきている。真っ先に排除されてしまうのは、芸術や文学だろう。即効性ある知識を求める人にとっては、小説なんて「何の役にも立たないもの」。受験や面接試験の場で小説のあらすじを説明する必要があるなら、てっとり早く筋が分かる漫画化シリーズを読めばいい。ドストエフスキーの長編『カラマーゾフの兄弟』ですら1時間で読めてしまう。そういうご時世だから、雑誌や文学作品の売り上げが年々落ち込んでいるのは必然なのだろう。[恵文社一乗寺店]では、専門書やビジネス書をほとんど扱わないので、「実」を求めるお客さんに皮をむかれてしまったら、きっとなにも残らないだろう。そんなことを考えていると、どんどん気持ちが塞いでくる。

そんなときは気分を変えに、三条河原町の喫茶店、[六曜社]の急な階段を駆け

[六曜社地下店] へと降りる階段。喧噪から逃れられる場所

下りる。［六曜社］の創業は1950年。いまや、京都を代表する喫茶店の一つといえる人気店だ。河原町三条の交差点近くという立地のよさもさることながら、周辺の激変ぶりに逆らうような昔と変わらぬたたずまいが、多くの人を呼び寄せるのだろう。周辺の娯楽施設がのきなみ低年齢化へとむかうなか、ここだけはずっと大人びた空間だった。京都は、古い喫茶店が辛うじて残っている街だと思うが、この店のように、創業以来変わらぬ存在感を放つ店は数えるほどしか残ってない。

嗜好品の機能

［六曜社］は地上と地下、二つのフロアに分かれている。「一階店」はソファ席があるので誰かと話をするときに。「地下店」へは一人でふらっと、カウンター席でマスターの奥野修さんのいれるコーヒーを楽しむことが多い。両フロア共にコーヒーとソフトドリンク類、モーニングセットとドーナツという喫茶店の王道メニュー

のみという潔さ。地下店のカウンターではいつの日も変わることなく、店主の修さんが黙々と仕事をこなしている。無駄口を叩かず、キビキビとした所作には、長年同じことを続けてきた結果身につけた美しさのようなものまでを感じさせる。清潔感ただよう店内には、無駄な装飾は一切ないが、ただじっと座っていても不思議と退屈しない。そんな独特のムードは、一朝一夕では生まれえないものだろう。店も修さんも決して多くは語らないが、その無言の姿勢から矜持のようなものを一方的に受けとって、店を出るころにはいつも清々しい気分になっている。

店主の奥野修さんと、時折話を交わすようになったのは数年前。そのころ、定期的に足を運んでいた下鴨の［yūgue《ユーゲ》］という店で呑んでいたときだった。木曜の、たいてい決まった時間に修さんが店に現れ、手早く呑んで、颯爽と帰っていく。彼が［yūgue］を特に贔屓《ひいき》にしているのかと思っていたが、聞くところによると修さんは［六曜社］を出たあと、毎晩「曜日別」に特定の店へと足を運ぶそうだ。

マスターとして毎日店に立ったあと、さらに他人の店で必ず1杯呑んでから帰宅する。店にいる時間は、彼の人生にとって大きな場所を占めているようだ。喫茶店も酒場も、「なくても生きていける」嗜好品を売る店。彼は長年、店主・客の両方の立場として、そんな店と関わり続けてきた。

「背景」だった喫茶店

現役のミュージシャンとしても活動する修さん。1960年代末、彼がまだ10代のころに、岡林信康や高田渡に影響を受け、当時盛んだったフォークシーンの現場を体験するために上京。約1年間、サンドイッチマンをしながら東京で過ごしたという。

「10代の若者が新宿の街角で看板背負って立っていると、いろんな人からよく声をかけられるんですよ。木下サーカスに入団したものの、芸ができなくって、次に会ったときにはオカマになってた人。学生じゃないけど勉強しに上京して、夜働いて昼間に喫茶店でずっと本を読んでいる人。みんなやりたいことははっきりあるんだけど、どうすればいいのか真剣に模索していた。そういう人たちと会話する場所が、僕にとっての喫茶店だったんです。あくまでも人と会ったり話したりすることが中心で、その当時、コーヒーの味が美味い不味《まず》いなんて口に出したこともなかったですね。あのころの喫茶店が僕にとっての原体験なのかもしれない」

永島慎二による青春群像劇マンガの傑作『フーテン』（現在は筑摩書房より刊行）で描かれた新宿の街は、まさに修さんが体験した当時の風景そのままだという。当時「フーテン」と呼ばれた、定職に就かず街をさまよう若者は、いつも喫茶店にたむろし、喫茶店で議論を交わし、喫茶店で恋に落ちる。ジャズ喫茶、深夜喫茶、ジャズバー。作品のなかで、たまり場となる店が数多く描かれるが、そこではいつもマスターが言葉少なにコーヒーをいれ、シェイカーを振っている。当時の新宿に

幾世代にもわたり読み継がれる名作『フーテン』

おいても、主役はそこに集う客であって、喫茶店や酒場はあくまでも背景だった。

「最近はなにかのついでとかじゃなく、喫茶店そのものを目ざす人が多いよね。『食べログ』とか『ぐるなび』だっけ？　そういうのが流行しているけど、そんなのとか、ブログとかツイッターだとかにレビューを書く人って、たいていは地図を埋めていくように目的の店だけを目ざして、1回行ったきりで自分の勝手な感想を発表しちゃうでしょう。自分の腹の中でなにを思おうと無害だけれど、それを世間に公表して、さらにその感想を盲信して店のことをああだこうだ語る人が出てくるというのはちょっとまずいよね」

非日常になりつつある場

「たとえば、初めて僕の店に来て『一番新鮮な豆をください』っていうお客さんがいるのね。店側の事情を少しでも考えると、それがいかに店のサイクルを乱すかっていうことぐらい、その人にも理解できるはずなんです。ずっと店に通ってくれていて、何の注文もつけずにだまって豆を買い続けてくれる人には、僕は絶対に古い豆を売らない。そんなこと、お客さんには決して言わないけどね。『食べログ』でおすすめされてたメニューばかりを注文しちゃうみたいに、はじめから店を自分の思う通りにしようとするんじゃなくて、何度も訪れることによって、初めて信頼関係って築けるんじゃないかな。お客と店とのつき合いって、そういう世界観が理想だと思う」

喫茶店や酒場が、街の背景ではなく目的地になりつつある。それは、街の人がそれぞれ贔屓の喫茶店や居酒屋に「通う」という文化が失われつつあることの裏返しなのかもしれない。

「この前、有名焙煎人の豆を使って真剣にコーヒーをいれてくれる喫茶店に行ったんです。早速コーヒーを頼んだら『ドリップしますので時間がかかります』っていう。やっと出てきたと思ったら『ブラックでお飲みください』。僕にとっては、こういうのはちょっとツラいの。僕にとってのコーヒーのあり方は、たとえば本を買ったりして一息つきたいときに気持ちを切り替えてくれるものであり、普段の生活を邪魔しないもの。簡単にいえば、喫茶店に入ってコーヒーの話なんてしたくないし、居酒屋で日本酒の話もしたくないんだよ。最低限美味しい、ってことが真っ当だと思うし、それをその場で論じるなんておかしいよね。入魂の1滴ってものよりは、毎日通って飽きない、下手したら1日2回でも飲めるようなものってことが、僕には大事だから。仕事帰りに毎日決めた居酒屋へ行くのも、実は同じことなんです」

そうはいっても提供する側のお店としては、なんらかの付加価値をつけなければ生き残ってはいけない。今はそういう時代なのかもしれない。有名店とはいえ［六曜社］も経営難に苦しんだ時期があったという。そんな時期、修さんは数多くの喫茶店を巡り、独学で自家焙煎をはじめ、結果それが現在の大きな支えとなっているそうだ。しかし、［六曜社］のカウンターには、ことさら自家焙煎の豆を喧伝し、付加価値を売るような押しつけがましさはない。修さんにとって理想のコーヒーのあり方、「生活を邪魔しない」存在のしかたを詳しく聞いてみた。

「大阪の天王寺に［明治屋］っていう古い居酒屋があるでしょう。あそこのアテって、意識的にちょっと少なめに用意されていると思うんだよね。仕事帰りにふらっと立ち寄って、一杯飲んで、それから帰って晩ご飯を食べる人が多いからじゃない

一息ついて、気分を変える。「中継点」としての喫茶店

かな。あそこはそういう、中継地点的存在の店。［明治屋］の常連客と僕は、仕事内容や収入みたいな些細なことこそ違えど、みなほとんど毎日同じことのくりかえしで生きている。平坦な毎日のなかで、仕事が終わったあとにぼんやり酒を飲む時間があると、色々なことに折り合いがついて、ようやく次の日を迎えられるんだよね。決して大層なことはしていない。でも、それが文化ということ。宮沢賢治のように、一度宇宙まで行って自分たちの生活を俯瞰し、戻ってくるような視点をもって初めて、それぞれの平凡な日常を肯定できる。僕はそう思う」

みなが求める「第三の場所」

カフェや酒場のような、仕事場と家庭の間にあるもう一つの「場」のことを、社会学者のレイ・オルデンバーグは「サード・プレイス」と呼んだ。あのスターバックスコーヒーの経営陣が、自らの店をそう規定し、積極的に使用する言葉でもある。

たしかに僕たちは、家庭も職場も離れて自分自身になれる場所が欲しい。しかし、修さんが語る「明治屋」と「サード・プレイス」はなにかが違う。

歴史学の教授であるブライアン・サイモンはその著作『お望みなのは、コーヒーですか？』（宮田伊知郎訳／岩波書店）のなかで、スターバックスが自称する「サード・プレイス」の実情を、現地調査や識者への取材をもとに検証し、こう結論づけている。

「自らがサード・プレイスであるとの宣伝、店舗で流れるジャズ音楽、あたりさわりのない、抽象的で表現主義的なアート、慎重に編集されたコミュニティー・ボード。こうした方法をもってスターバックスはコーヒーハウス文化の継承者だと主張する」

利用客のほとんどは、一人になりたい客ばかり。他人との会話ではなく、仕事や

自家焙煎は、2代目マスターである奥野修さんがはじめた

勉強のために、安全で高級感のある場所を求めてやって来る。同社のスタジオ・ファクトリーで生産されるアート作品。政治や宗教の話題を避けたコミュニケーション・ボード。17〜18世紀にイギリスで広まった「コーヒーハウス」には、コミュニティの中心となる店主が欠かせなかったが、人工的に演出された「サード・プレイスもどき」には、店主の存在感は皆無だ。

消費のための付加価値として戦略的に企業から提供される「第三の場所」と、喫茶店や酒場を愛好する客によって自然とつくられた空間との違いは大きい。今の［六曜社］や［明治屋］のような店は、一服を必要とする街の人たちを迎え続け、結果的に「街に欠かせない」と感じる場所になった。

「最近京都でも、どこかのチェーン店のカフェが滞在時間を2時間以内に制限するとかいう話があった。それはまさにカフェが死滅していく考え方なんです。回転率を上げるということは経営上大事なことではあるんですけど、それを店側が言ってしまうのはちょっと違う。昔の喫茶店経営の本にも、1日最低何回転させましょうとか、そういうマニュアルがあったけど、売り上げ至上主義になることで喫茶店が殺伐としてしまった。もちろん忙しいときに、長時間居座られると困ることもあるんだけど、たとえば文庫本に夢中になっているお客さんとか、おばちゃんの話が盛り上がってなかなか終わらないとか、そういうのも、なるべくウチの店ではそっとしといてあげたい」

生活の一部である嗜好品、街の延長としての場は、合理性とは相容れない部分もある。同じことは、本屋や出版業界にもあてはまるのではないだろうか。本は商品だけど、文化でもある。論理的には説明しきれない「なにか」があるからこそ、文化は継続されるのだ。広告でふくれあがった雑誌を延命させるための手段は、豪華なオマケを付けることではないはずだ。修さんの姿勢から、出版に関わる人間が「生活の一部」として、密接に本とつき合う必要性について改めて感じた。雑誌や小説、写真集やアートブックを眺める「楽しみ」を、これからも本屋の立場として伝えていきたい。

フォークシンガーとして、そして一人の生活者として、修さんは自ら作詞作曲した「ランベルマイユ コーヒー店」でこう歌っている。

「今日の仕事を始めるとき、くる日もくる日もまた次の日も、同じ香りのコーヒー

「一杯」

この歌は、1杯のコーヒーが非日常を演出するものではなく、切り離せない日常の一部であることを、簡潔に言い表している。

【六曜社地下店】
京都を代表する人気喫茶店。18時からは修さんのお兄さんが担当するバーとして営業。
京都市中京区河原町三条下ル大国町三六
〇七五―二四一―三〇二六

Coffee

SALE

巻末対談

「個人店が生き残るには」

ガケ書房　山下賢二
恵文社一乗寺店　堀部篤史

左京区という舞台で

堀部　ブームというか、雑誌なんかで特集されるようになって以降の左京区って、どんな感じですか？

山下　一言で言うと、「ゆるふわ」かな。「左京区」というファンタジーを目ざしてくるような人が多い気がします。外から見るとテーマパークみたいな感じの地域に写ってるのかもしれない。そのテーマパークの客層は、圧倒的に女性ですね。どちらかというと、商品を買いにというよりも、写真を撮ったり、店に来たという「体験」を一つの着地点としてるような。いや、おでかけの動機としては十分に正しいんですけどね。

堀部　僕も今回、『六曜社』についての原稿で、喫茶店を「目ざして行く」最近の傾向について触れました。昔は喫茶店が常に背景で、街の延長だった。今、僕たちの店は目的地になりつつある。商売としてはなんとか成り立つかもしれないけれど、観光地としてだけでなく、文化としてのあり方も描かないと、長く続けて行くことは難しいんじゃないかっていうのがこの本の趣旨でもある。今日は山下さんと話すことで、なにか、そういうのとはちょっと違う絵を描けたら。

山下　堀部さんがよく自分自身のテーマにされる「モラトリアム」を、今左京区で小さな店を立ち上げる人たちにも感じます。大企業で経験を積んで…とか、チェーン店とかで修業して…というよりも、突然、店をはじめる人たちが増えているのかもと。自己実現のためというか、小さい資本で生活さえできたらいい…みたいな。いわゆる一儲けする感じじゃないというか。僕、どっちか言うたら、最初はビジネスマン的な一儲けの発想で『ガケ書房』を始めたんですよ。

堀部　ビジネスとして…？

山下　でも、やってすぐに、ああ、違うな

と。僕も左京区のことを最初はファンタジーで見てたわけです。ぱっと見て、ああ、ハイカラな街やと思って。「ガケ書房」をクールに作ってもうけを出して…とか考えていたけど、全然、支持されないし。ま、僕のやりかたの下手さもあるんですけど。結局どんどん「個人」を前に出して店をやらざるを得なくなって、店主の顔を出したり引いたりしながら、ヨコとの関係をつくっていきながら…とシフトしていきましたね。

堀部 開店の頃は、外ともまわりとも接点持たずに？

山下 声をかけられても、「うちは結構です…」みたいな。でも、あっさりとそれではやっていけへんと感じましたね、左京区では。ファンタジーで入ってきた新規の人でビッグビジネスを目ざしてる人は、ここでは続かないでしょうね（笑）。

堀部 今作っている本、『街を変える小さな店』ってタイトルなんです。「小さな店」っていうのは店の規模というよりは、個人の思惑が届く範囲の個人店、という意味で使ってるんですが。最近、「三月書房」さん、元「パルナ書房」さん、「ガケ書房」さん…京都の書店同士で、飲みに行ったりするじゃないですか。

山下 ええ。丹波口にあった「パルナ書房」さん、今年春に閉店されて。残念でしたね。

堀部 閉店されたあと、「どっかでまた店やろう。左京区にしようかな」みたいなことをおっしゃるたび、「三月書房」の宍戸さんが「あのへん、もともと村やしな」って。昔の左京区の地図を見たら、確かに何にもない。だから街なかに住む京都の人にしたら、「左京区って、ただの田舎やんけ」みたいな。「何にもないやんけ」って地区だと思うんですよ。

山下　これはおだてるわけでなくて、やはり「恵文社」さんが左京区界隈を「耕した」っていうのはあると思う。歴史的にも規模的にも、文化の成熟度にしても…。僕のまわりの人とか店とか、メディアの扱いかたまで含めて中心点が「恵文社」さんにあって、言葉は悪いけど、「コバンザメ」的にいろいろ店ができている。たいがいね、周辺の店は「恵文社」さんを始点に地図を作るんですよ。

堀部　なるほど。でも左京区のいいところって、全然そういうストーリーに与しない人もたくさんいるわけじゃないですか。もちろんビジネスとして「恵文社」周辺に小さな店が増えたとは思うんですけど、実際はウチのほうが「周辺」になる状況だって多い。そういう意味では台風の目が「ガケ書房」さんにあると感じますよ。山下さんが左京区に出店されたきっかけは？

山下　僕は下京区の七条で育ったんですが、恥ずかしながら左京区へは、物件を探すときまで足を踏み入れたことがなかった。もう完全に外様《とざま》ですよ…。高校卒業後に家出して、20代ほぼまるまる関東で過ごして。開店当時は生きることに必死で、書店やお店めぐりなんかもしてなくて。うちに来てくれそうなお客さんが左京区周辺にいる感じは、ぼんやりと感じてたんですけど。

堀部　街というより、人を見て…。

山下　でも、一番の決め手は物件だったんです。角地にあって一軒家で…車、突き出させるのもちょっと頭にあったんで、今の物件はまさに理想。失礼ながら…実は「恵文社」さんの存在、僕は開店寸前まで知らなくて。そういうお店があるっていうのを取次の人に教えてもらって、行って。あ、こういうお客さんが支持するお店があるんやったら左京区でやっても大丈夫かな、と。でも、既にあるってことは、同じことやったらだめだから、どうしても真逆っていうか、エキセントリックな方向に最初はせざるを得なかった。既存のモノに対して、イエスで物事を始めるか、ノーで始めるかというのは、全然意味が違うと思う。

堀部　差別化を意識されてたと。

山下　ここ数年行ってる街おこし的イベント「左京ワンダーランド」では僕、一応実行委員なんですけど、実は「出稼ぎ」に来てる感じがあって。

堀部　出稼ぎ…。でも、その視点がいい。僕は生まれも育ちも左京区で、結構どっぷり浸かってるから。先ほど山下さんがおっしゃったような［恵文社］から街が変わっていったってのは、ある種の「物語」なんです。この本では僕も、点と点を結んで線にするっていうことで、左京区っていう街の物語を意識的につくっている。架空のものなんだけれど、そこに店が拠って立つことはできるはず。もちろん、「左京区は日本のカルチェ・ラタンだ」みたいな、単純な物語だとすぐに消費されてしまう。

山下　左京区のなかにいると、なにか知らん間《ま》にポジションというか、放っといても変なキャラ設定ができてきますね。登場人物が立ってる（笑）。ビジネス的にも、自覚的にそこは伸ばしてったらええとこでもあるし。

堀部　うん。そういう両面性かな。商売はうまくやりたいけれど、「大きくなることだけが価値じゃない」とも思っていたりとか…。そういう複雑さを、物語として語ってみたかった。

街の本屋が生き残るには

堀部　実はこの本、元々は「街の本屋が生き残るには」というタイトルを付けていたんです。街の本屋がどんどん閉店していくなかで、現状をただ憂うだけでなく、なにかできないか、というのが出発点で。…［ガケ書房］って、多分京都では最後の新刊書店じゃないですか？

山下　新しく取次さんと契約されたお店は、ないかもしれませんね。

堀部　いわゆる「セレクト書店」、取次主導じゃなく店舗主導で商品を構成する新刊書店という意味でウチと「ガケ書房」さんはスタートラインは一緒。大型書店さんとは商売の成り立ちも運営方針も違うから…。先達となるものがいない、参考になる店がないということは、ビジネスモデルがないってことで。

山下　僕、本当は東京・千駄木の「往来堂」のような店が好きなんですよね。それでも車を突き出したり、ああいうやり方を選んだのは、やっぱり「恵文社」さんを意識してて。絶対同じことせえへん、という意味では参考にしましたけどね（笑）。

堀部　セレクト、セレクトって言われますけど、小売店が商品を選ぶのは当たり前。そこからどういうふうに生き延びるかっていうときに、まわりを見わたしたら、別にそれは同業者だけに学ぶ必要はなくて、居酒屋とか、お店に対する独特の見解を持った人とか、そういう人たちに学ぶことっていうのがたくさんあるんじゃないかなって。

山下　確かに何の店に限らず、最終的には商品のプレゼン方法も含めて、訪れる人に対してどういうコミュニケーションをとるか、がその店主自身ですよね。例えば、「いらっしゃいませ」は言うのか、言わないのか。言うのであれば、どういうトーンで言うのかという対人方法も含めて。僕の場合は、すべての年代に来てほしいっていう欲張りな願望があるので、いろんな人が解釈しやすいよう翻訳できる要素を店に入れてます。その提示の仕方に、消しようのないそれぞれの店主の個性というものが出る。だから、下鴨の［yūgue］は、カルチャーショックやった。普通とは違うコミュニケーション方法で成り立っているから。

堀部　［yūgue］は、柔らかい形の一見さんお断り。敷居を高くすることで、お店の環境を保つっていうのを意識してますよね。ちょっとしたしつらえとかも徹底的にこだわって。ああいうところに関しては今回書けなかったし、そっとしとこう、と。

山下　居酒屋とか喫茶店と違うのは、本屋って他人の作ったものを仕入れて販売するわけじゃないですか。だから言いかたは悪いけど、人の褌《ふんどし》で商売さしてもらってるって感覚がちょっとある。ただ、最後の色づけ…料理でいえば菜っ葉のせるとか、そこは僕らの表現部分ですよね。いかにお客さんに華やかに見せるかとか。

堀部　うん、「解釈」しますもんね。ある種の本をグループにして、「今こういう価値観があるんですよ」って。新刊書店は、時代を反映するメディア的なものでもあるし、出版状況から店が変わることも、商品とお客さんとかみ合うかどうかで店が変わることもあるから。そういう意味では本屋って、媒介的な役割なんじゃないかなと。だからどうしても僕は街を見てしまうし、店がどんなに素晴らしくても、完結はしない。

山下　ただ僕ね、やってて思うのは、「恵文社」はどっちか言うたら編集者やＤＪって感じがして。「ガケ書房」は小説家、シンガー・ソングライター。一応みんなのニーズにあわせつつも、僕はいろんな最新情報を仕入れたりとか、時流の情報を自分で読みとって表現するタイプじゃないんですね。自分の現場で入ってくる情報だけでやってる。

堀部　なるほど。「ガケ書房」へ行くと、カウンターとお客さんの距離が近いですよね。店に入るとスタッフの誰かがチラシ持って「これ、知ってます？」なんて必ず声かけてくれるし、山下さんも何やかんや誰かとしゃべってる。お客さんにとっては、単に「ものを買う」っていうのを超えたところで、ニュースを知ったり人との繋がりができて…。

山下　「恵文社」さんはもっと俯瞰的に、戦略として品ぞろえとか棚をつくってはる感じがします。

堀部　スタイルは異なるけれど、こういう店が街に一つあるのと、二つあるのとではやっぱり全然違う。僕は左京区に「ガケ書房」さんがあるのが心強いし、すぐに消費されないような複雑な物語を、ウチの店も「ガケ書房」さんも、そのへんでふらふらしてる人を巻き込んでつくるっていうことが、街にとってというよりは、店にとって必要なんじゃないかな。お客さん、近隣住民、近所の店主たちとコミュニケーションとりながら、「左京区」というある種のフィクションをつくることで、街とあわせて生き残ることができるんじゃないかと。

山下　堀部さんは、「街づくり」がこれからの個人店のスタンダードになってくると。

堀部　今、商店街ってほとんど解体されたじゃないですか。ぽつんと1軒、どんなにおもしろい商品構成した店があっても、なかなか成り立たないと思うんですよね。そういう意味では、僕は自分の店だけを頑張るって感じを超えて、つながりながら輪を大きくしたい。「ガケ書房」さんと一緒に「小冊子セッション」とか「ま冬のブックハンティング」なんてイベントをやり出したのもそういう気持ちからで。点を線に、さらに面に見せつつ、シンプルじゃない物語をつくることが、街の本屋の生き残りの突破口だと思っています。

二〇一三年、八月二一日。

木屋町四条「フランソワ」にて

けいぶん社

本書の写真は、全てiPhoneアプリ
「AutoStitch Panorama」を使用し撮影しました。

堀部篤史
ほりべ・あつし
昭和五二年京都市生まれ。
立命館大学文学部卒業。
学生時代より、編集執筆、イベント運営に
携わりながら恵文社一乗寺店スタッフとして勤務。
二〇〇四年に店長就任。商品構成から
イベント企画、店舗運営までを手がける。
著書に『コーヒーテーブル・ブックス』、
『本を開いてあの頃へ』（共にmille books）、
恵文社一乗寺店名義での共著に
『本屋の窓からのぞいた京都』
（毎日コミュニケーションズ）がある。

街を変える小さな店
〜京都のはしっこ、個人店に学ぶこれからの商いのかたち。

二〇一三年十一月二〇日　第一刷発行

著　者　堀部篤史
発行人　今出央
編集人　稲盛有紀子
発行所　株式会社京阪神エルマガジン社
〒五五〇-八五七五　大阪市西区江戸堀一-十-八
TEL 〇六-六四四六-七七一八（販売）
〒一〇四-〇〇六一　東京都中央区銀座一-七-一七
TEL 〇三-六二七三-七七二〇（編集）
www.Lmagazine.jp

印刷・製本　大日本印刷株式会社
装丁　寄藤文平＋鈴木千佳子（文平銀座）

©2013 Atsushi Horibe Printed in Japan
定価はカバーに表示してあります
ISBN978-4-87435-427-8
※乱丁・落丁本はお取り替えいたします。
本書記事・写真・レイアウトの無断転載・複製を禁じます。